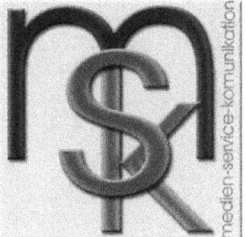

Bibliografische Information der Deutschen Bibliothek

Die Deutsche Bibliothek verzeichnet diese Publikation in der Deutschen Nationalbibliografie; detaillierte Daten sind im Internet über http://dnb.ddb.de abrufbar.

Korrektorat: SKS-Heinen, 53913 Swisstal
Herausgeber: KoelnWerk-Verlag by Jakubowski Sportplatzstr. 59 | 51147 Köln

Smartphone-Fotografie
Das Praxisbuch

Titelbild: KoelnWerk
Titelfoto: Martin Jakubowski
www.KoelnWerk.de

ISBN-13: 978-1505841091

ISBN: 1505841097

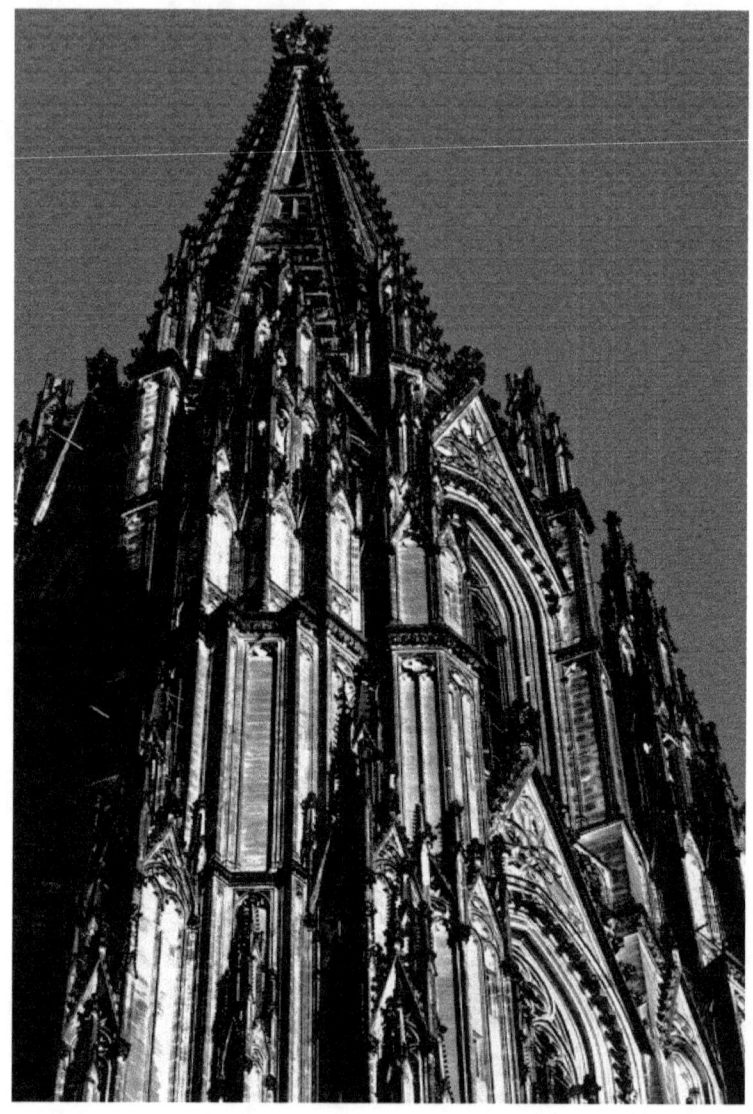

Inhaltsverzeichnis

Vorwort zur Druckausgabe

Seit dem Erscheinen der Erstausgabe im Dezember 2013 ist *Smartphone-Fotografie – das Praxisbuch* als eBook bei Amazon in den Kategorien *Grafik & Multimedia* sowie *Fototheorie* nahezu ununterbrochen unter den Top 20 gelistet. Ich finde eBooks wirklich eine tolle Sache, benutze sie sowohl beruflich als auch privat. Doch finde ich es immer wieder schön, ein richtiges Buch mit realen Seiten in der Hand zu halten.

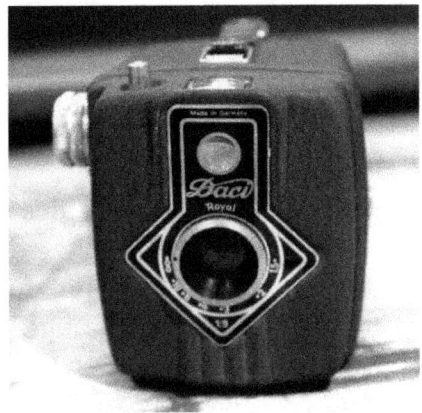

M

Meine erste Kamera – © Christiane Köhne

Schon als kleiner Junge hat mich Fotografie fasziniert. Manchmal durfte ich Fotos mit der Kamera meines Vaters, einer Daci-Royal Rollfilmkamera, machen. Mit den fotografischen Ansprüchen meines Vaters stiegen auch meine. Mutter bekam eine Agfa-Click, Vater und ich teilten uns eine Voigtländer Perkeo mit Vaskar 4,5 80mm. Irgendwann war sie da: die zweiäugige Spiegelreflex. Die Rolleiflex hat es mir sofort angetan, konnte ich doch vor der Aufnahme das Bild schon im 6x6-Format sehen. Das Bild bewegte sich ähnlich wie auf einem heutigen Display. Allerdings spiegelverkehrt und voll mechanisch. Dazu noch der manuelle Fernauslöser, ein richtiges Wunderwerk der Technik. Jedenfalls in den 1960er-Jahren.

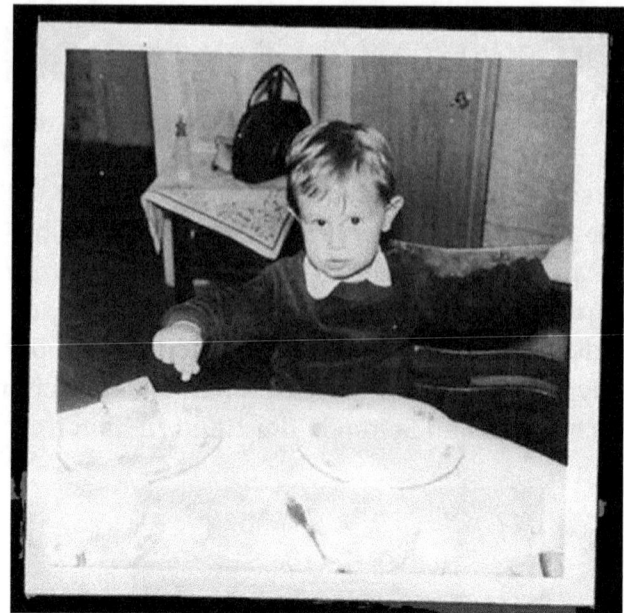

Schon im Kindesalter wies ich auf mögliche Überbelichtungen hin.

Anschließend habe ich alle Modetrends in der Fotografie zumindest beobachtet, wenn nicht sogar mitgemacht. Super 8 oder Kodak-Instamatic mit Blitzwürfel sind für mich keine Fremdwörter, aber in erster Linie beschäftigte ich mich mit Spiegelreflex und der Dunkelkammer.

In den 1990er-Jahren tauschte ich die Dunkelkammer mit dem Photoshop. Die Papierbilder wurden eingescannt, Gradationskurven und Tonwertkorrekturen an ihre Schmerzgrenzen getrieben. Seit über zehn Jahren arbeite ich nun als Dozent für Online-Redakteure und multimediale Anwendungen. Glauben Sie mir, auf Workshops und Seminare mit Photoshop freue ich mich immer ganz besonders. Vielleicht fragen Sie sich jetzt, wieso so ein Foto-Geek plötzlich auf Handy-Fotografie kommt. Ganz einfach: weil es Spaß macht.

An diesem Spaß möchte ich Sie teilhaben lassen. Ab und zu starte ich ein Projekt auf Google+. Für einen begrenzten Zeitraum können Sie dann zu einem bestimmten Thema Ihre Smartphone-Fotografien hochladen. Diese werden dann meist von anderen Usern bewertet. Dabei entstehen nicht nur schöne Bilder, sondern auch interessante Kontakte.

Für wen ist dieses Buch?

Dieses Buch richtet sich an alle, die Spaß an der Fotografie und ein Smartphone haben. Nerds, die schon fast jede App erklären können bevor diese auf dem Markt ist, werden sicher auch hier nicht viel Neues finden. Auch wer auf Anhieb mit dem Handy professionelle Fotos machen und damit reich werden möchte, sei von diesem Buch abgeraten. Zwar können Sie mit Smartphone-Fotos Geld verdienen und mit ein paar Tipps aus diesem Buch bessere Fotos machen, doch die praktischen Erfahrungen mit der Fotografie und den Umgang mit den Agenturen müssen Sie selber machen. Dieses Buch kann und wird Ihnen dabei helfen, schließlich ist dem Thema *Geld verdienen* ein eigenes Kapitel gewidmet.

Das Buch richtet sie auch an diejenigen, die häufig bei ihren Smartphone-Bildern noch „Luft nach oben" sehen. Da ist beispielsweise ein langweiliger, ausgelaugter Himmel oder ein falscher Schärfe-Unschärfe-Verlauf. Auch hier helfen Tipps, Tricks und Apps. Teilweise schon vor der Aufnahme. Andere typische Smartphone-Probleme sind das sich schnell bewegende Motiv oder das mangelnde Licht. Für alles gibt es eine Lösung oder zumindest eine Verbesserung.

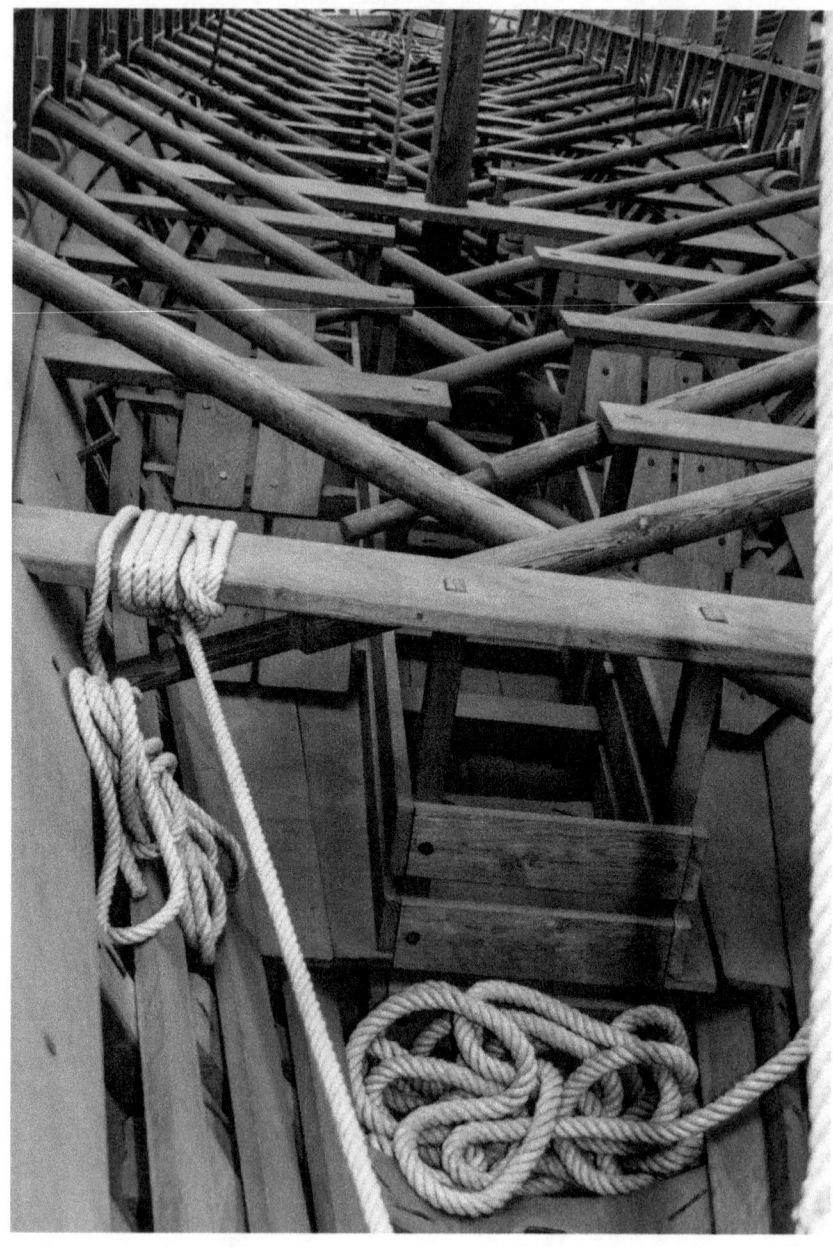

Einleitung

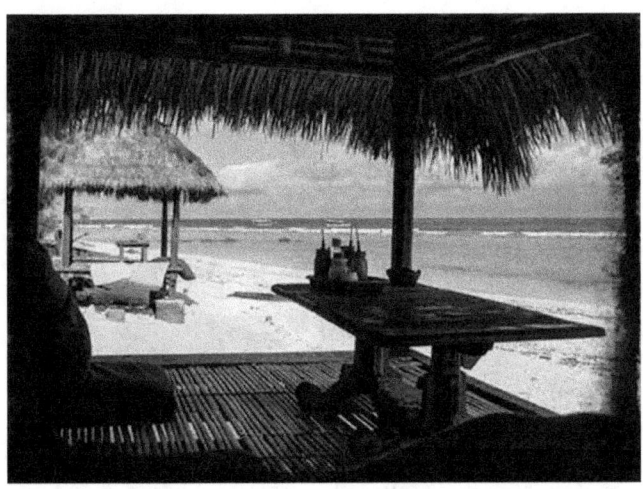

Das Smartphone hat sich zu einer kompakten „Immer dabei-Kamera" entwickelt. Kaum jemand geht aus dem Haus, ohne diesen praktischen, kleinen Taschencomputer. Auch wer bei einem Strandspaziergang nicht apathisch auf dem Display herum tackert, wird sein Gerät wahrscheinlich in der Tasche haben.

Als Hobbyfotograf, Photoshop-Experte und langjähriger Dozent für digitale Bildbearbeitung, rümpfe ich bei vielen Fotos in den sozialen Netzwerken die Nase. Auch wenn ich an die Knipsbildchen bei Facebook keine professionellen Ansprüche habe, ich weiß, da geht noch was. Und genau das hat mich veranlasst, dieses Buch zu schreiben.

Die digitale Fotografie, so auch die Handyfotografie, bietet einen entscheidenden Vorteil: Wir können so viel fotografieren, wie wir wollen, verfügen über nahezu unendlichen Speicherplatz. Zunächst auf dem Smartphone und gegebenenfalls der dazugehörigen SD-Card, auf dem Tablet , Laptop oder

Desktop, der externen Festplatte, CD/DVD, USB-Stick und nicht zuletzt in der Cloud. Heute können auch Hobbyknipser viele Fotos von einem einzigen Motiv machen. Es kostet ja nichts. Das war vor ein paar Jahren noch das Privileg der Profis.

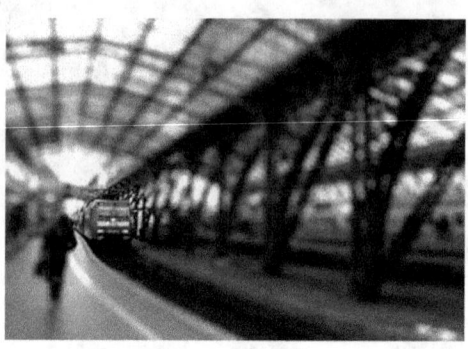

Und da das Smartphone immer dabei ist, verwundert es kaum, dass das Handy weltweit mehr genutzt wird als jede andere Kamera. So sind auch neue Kunstformen entstanden. Sogar die weltweit größte Messe für alles, was Fotografie anbelangt, die **Photokina,** hatte bereits 2012 eine Ausstellungsfläche für Handyfotografie bereitgestellt. Doch erst bei der Photokina 2014 wurde Smartphone-Fotografie zur Selbstverständlichkeit. Hier stellten renommierte Markenhersteller erstmals hochwertiges Zubehör für diese Art der Fotografie vor.

Die Smartphones fotografieren immer besser. Besonders stechen die neuen Modelle von Nokia hervor. Ausgestattet mit Zeiss-Tessar-Objektiven, sind es eher Kameras mit denen man auch telefonieren kann. Doch diese Geräte sind noch die Ausnahme. Für die meisten Geräte gilt: Trotz aller technischen Fortschritte sind durch die kompakte Bauweise dem Smartphone technische Grenzen gesetzt. Mit ein paar Tipps, Tricks und Apps können aber die Qualitätseinschränkungen reduziert und zum Teil eliminiert werden.

Machen Sie bei Spaziergängen oder im Urlaub einfach Fotos mit dem Handy. Mit ein paar Tricks und ein paar Apps lassen sich wirklich tolle Bilder, ja wahre Kunstwerke produzieren. Erfreuen Sie beispielsweise Ihre Freunde und Verwandten mit individuellen, gedruckten und frankierten Postkarten, welche Sie von Ihrem Smartphone direkt aus dem Urlaub verschicken. Glauben Sie mir, in der heutigen Zeit sind Postkarten zum Anfassen wieder etwas Besonders.

In diesem Buch werden hauptsächlich kostenlose Apps besprochen und getestet. Fast alle Apps funktionieren auf Android- und iOS-Geräten, einige auch auf Windows-Phone oder Blackberry.

Wie die Einstellungen des Kindle-Kontos zu konfigurieren sind, um kostenlose Updates und Neuauflagen für die eBook-Ausgabe dieses Buches zu erhalten, wird im Anhang erklärt. Gerne nehme ich Anregungen und Vorschläge an, damit ich diese einarbeiten kann. Die Email-Adresse finden Sie im Impressum.

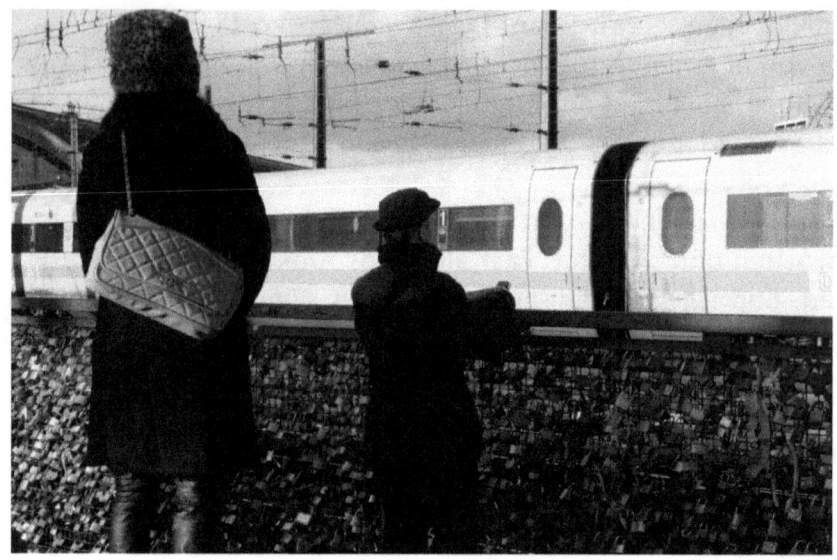

Aktuelle Trends

Retro-Look

Der Hype um die Smartphone-Fotografie hat der Retrobewegung in der Fotografie einen weiteren neuen Schwung gegeben. Die perfekte fotografische Dokumentation steht dabei nicht im Vordergrund. Die Unzulänglichkeiten der Handykameras werden mit entsprechenden Apps „aufgepimt." Bei der Betrachtung bekommt man den Verdacht, es würde eine Sehnsucht nach fehlerhaft aussehenden Bildern der einfachen Analogfotografie bestehen. Polaroid erlebt eine Wiedergeburt, Lomo bekommt digitale Konkurrenz. Die Apps verfügen teilweise über komplexe Filter, lassen die Fotos digital verwittern und zerkratzen. Lomo- oder Sepia-Look sind zwei aktuelle Vertreter des Retro. Um das Bild richtig alt aussehen zu lassen, sind die Apps zur **Bildbearbeitung** wichtige Werkzeuge. Fast jede App bietet für diese Zwecke das eine oder andere Werkzeuge.

Lomo

Einige Apps bieten den Lomo-Effekt an. Der Begriff hat seinen Ursprung in der Lomografie, die Schnappschussfotografie mit einer Lomo Kamera. Dabei handelt es sich um eine analoge Billigkamera aus St. Petersburg. Die Bilder einer Lomo oder einer vergleichbaren anderen Kamera des unteren Preissegments zeichnen sich durch mangelnde Bildqualität, Fehler und Störeffekte aus. Die meisten Lomo-Bilder sind unscharf, verschwommen, kontrastreich und an den Rändern etwas abgedunkelt. Diese Bildeigenschaften sind von den Lomografen durchaus erwünscht.

Nach dem Zerfall der Sowjetunion, in der die Lomo eine nicht sehr beliebte Volkskamera war, entwickelte sich die Lomografie im Zuge der Retrobewegung als Kunstrichtung. „Echte" Lomografen nutzen eine echte Lomo mit schlechtem 32mm Weitwinkel, welches völlig übertriebene Farbintensität und ebenso übertriebene Kontraste produziert.

Über Digi-Fotografen, die Schnappschüsse ebenfalls aus der Hüfte schießen oder digital hinzugefügte Lomo-Effekte, rümpfen die Mitglieder der Lomo-Community die Nase. Doch es gibt trotz aller Gegensätze auch Gemeinsamkeiten. Denn einige Trends, die von der Lomo-Bewegung in Gang gebracht wurden, finden sich in der Smartphone-Fotografie wieder.

- Non-Perfektionismus
- Schneller Schnappschuss
- Über- und Unterbelichtungen
- Unschärfe als Ausdrucksweise

Wenn ich mir so manche Lomografie-Website anschaue, bemerke ich doch häufig eine Ähnlichkeit zu Instagram & Co.

Sepia

Eigentlich ist *Sepia* ein braun-grauer Farbstoff, der von Tintenfischen gewonnen wird. In der Fotografie versteht man darunter die Einfärbung der gesamten Bildfläche mit einem gelblich-bräunlichen Farbton und einem reduzierten Farbumfang. Bei sehr alten Fotoabzügen wird der Schwarzanteil durch UV-Strahlung bräunlich. Gleichzeitig wird das ehemals weiße Fotopapier gelb. In den Apps zur Bildbearbeitung ist meist eine Sepia-Option mit an Bord. Nahezu alle Bildbearbeitungen verfügen über eine OneClick-Sepiatönung, auch wenn diese manchmal anders betitelt wird. Passt es doch zum Trend, neue Bilder oll aussehen zu lassen.

Selfie

Das Selfie ist immer noch die populärste und originärste Form der Smartphone-Fotografie. Es wurden auch schon mit anderen digitalen Kompaktkameras Selfies aus der Hand geschossen. Doch erst das Smartphone lieferte uns die Frontkamera. Dass die Bildqualität darunter leidet, spielt unter Selfie-Fans meist eine untergeordnete Rolle. Mut zum Non-Perfektionismus heißt das Motto, nicht nur beim Selfie.

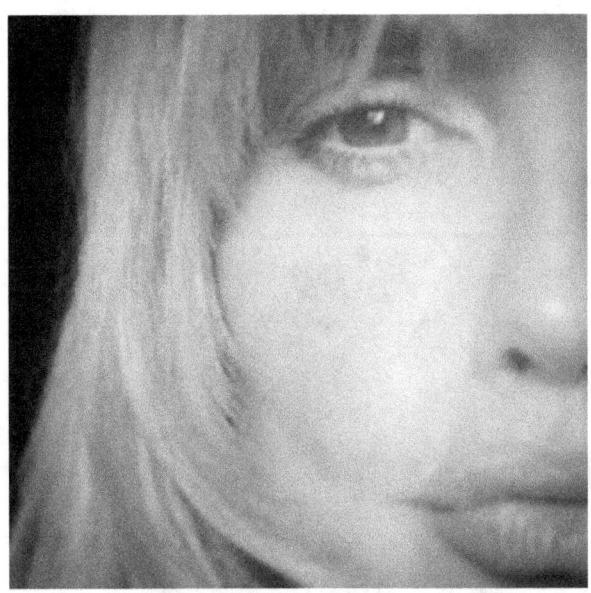

Instagram/ @heidiklum

Laut Oxford Dictionary ist „Selfie" das Wort des Jahres 2013. Das Institut hat herausgefunden, dass der Gebrauch des Wortes im Vergleich zum Vorjahr um 17 000 % gestiegen ist. In der Studie heißt es, dass etwa 30% aller Smartphone-Fotos der

18-24 Jährigen besagte Selfies sind. Inzwischen ist klar: Selfie war der Trend der Jahre 2013 und 2014, ein Ende ist nicht in Sicht.

Seit 2011 ist dieses Wort eingedeutscht und im Duden registriert. Es bedeutet Selbstporträt oder Selbstbildnis. Wenn Sie damit jetzt Porträts berühmter Künstler der klassischen Malerei verbinden, liegen Sie gar nicht so falsch. Schon vor unserer Zeitrechnung wurden andere Menschen dargestellt, denken wir doch nur an die Höhlenmalerei. Die Kunstform des Selbstporträts setzte sich allerdings erst im 15. Jahrhundert durch. Zu dieser Zeit wurden die reflektierenden Oberflächen zum Spiegel weiterentwickelt. Der flämische Künstler Jan van Eick veröffentlichte sein gemaltes Selbstporträt „Mann mit roten Turban". Einige Jahrzehnte später entwickelte sich Alfred Dürer zum wahren Selfie-Junk. Schon mit 13 Jahren fing er damit an, hörte erst mit dem Ende seiner Schaffenskraft damit auf. Zum Mainstream entwickelte jedoch erst Rembrandt van Rijn (1606–1669) das Selbstporträt in der Kunstszene. Sehr bekannt ist auch das Selbstbildnis Vincent van Goghs.

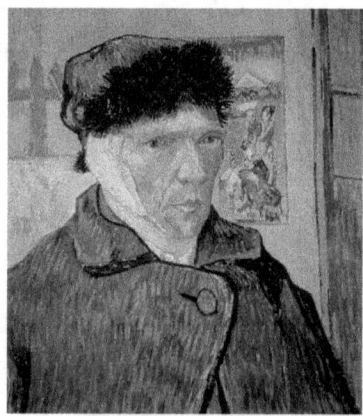

Durchgeknallter Holländer macht Selfie mit abgeschnittenem Ohr

In der Smartphone-Fotografie meinen wir damit die beliebten Selbstfotos, meist mit der Frontkamera geschossen. Prominente Selfies sind beispielsweise die Obama-Töchter bei der

Amtseinführung ihres Vaters, Jugendliche mit Papst Franziskus, Präsident Obama mit seinem dänischen Amtskollegen bei der Trauerfeier Nelson Mandelas und natürlich das berühmte „Oscar-Selfie". Das Gruppenselfie fand sogar massenhaft Nachahmer. Geben Sie bei Twitter oder Instagram einfach einmal „#oscarselfie" ein.

Besonders beliebt bei jungen Frauen, wird mit dieser neuen Form der Fotografie auch manchmal das Schönheitsideal außer Kraft gesetzt, wie das berühmte US-amerikanische Model Kim Kardashian zeigte. Sie fotografierte sich mit zahlreichen Akupunkturnadeln im Gesicht und veröffentlichte diese. Doch nicht jedem liegt diese sympathische Art der Selbstironie.

Step by Step: der Weg zu guten Selfies

- Stellen Sie die Schusseinrichtung so ein, dass Sie sich selber auf dem Display sehen können.
- Den Arm zunächst möglichst weit ausstrecken, damit viel von Ihrer Person auf das Foto kommt.
- Jetzt sollten Sie den Winkel bestimmen, der 90°-Winkel ist die gängigste Methode. Wenn mehr von der schicken Kleidung oder dem Dekolleté zu sehen sein soll, wird der Arm schräg nach oben gehalten. Positionen von schräg oben (ausgestreckter Arm) können das Gesicht schlanker wirken lassen.
- Bei einem Selbstporträt ist das Gesicht natürlich das Wichtigste. So kann Schminke Wunder bewirken.
- Die Wangen ein wenig ansaugen, um das Gesicht schlanker wirken zu lassen, ist ein weiterer Trick. Die Bilder, auf denen es auffällt, werden, um Peinlichkeiten zu vermeiden, schnell gelöscht. Sehr angesagt ist

aber, diese Bilder ganz selbstbewusst als Duckface zur Schau zu stellen.

- Jetzt kommt es auf die Geste an. Will ich lebendig, ernst, nachdenklich oder verträumt wirken? Jede Geste hat ihren eigenen Reiz.
- **Duckface** (wörtl. Entengesicht) Dieses englische Wort lässt sich am besten mit Schnute übersetzen. Für das Duckface wird ein Kussmund oder Schmollmund bei gleichzeitigem Ansaugen der Wangen gebildet.
- **Grimasse** Ob bewusst oder unbewusst eine Grimasse oder Fratze gezogen wird, meist ist es ein Spaß für die Betrachter
- Bei den meisten Smartphones kann der Lautstärkeregler als Auslöser benutzt werden. Dessen Benutzung verhindert Verwackelungen, außerdem bleibt eine Hand frei.
- Abdrücken bis der Arzt kommt. Möglichst viele Bilder aus der gewählten Position machen. Es geht um den Augenblick, den Bruchteil einer Sekunde, um das perfekte Selfie zu schießen. Nutzen Sie die Serienbildfunktion.

Auch hier gilt die alte Fotografenweisheit: Bequemlichkeit macht keine guten Fotos. Übertragen auf Selfies heißt das: Erst wenn der Arm weh tut, kann ein gutes Bild dabei sein. Trauen Sie sich einfach, Sie sind in guter Gesellschaft. Über 50 Millionen Mal taucht allein bei Instagram der Hashtag *#selfie* auf. Auch Vadder von Star Wars lässt es sich nicht nehmen, sein Selfie dort zu veröffentlichen. Ein richtiges Duckface, oder was meinen Sie?

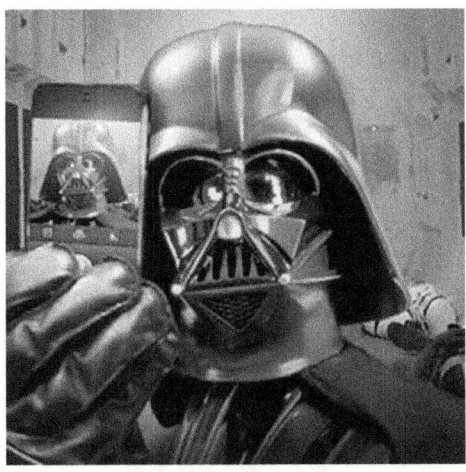

Foto: Lucasfilm Ltd

Varianten des Selfies

Häufig denke ich, dass sind Selfies die nun wirklich keiner sehen will, doch sie tauchen immer wieder auf.

Füße (Footfie): Da sind zum Beispiel die Füße. Egal ob wohlgeformt oder nicht, scheinbar hat jeder schon einmal seine Füße fotografiert. Egal ob auf der Sonnenliege, am Strand, im Badezimmer oder im Bett, das Smartphone lichtet die Füße ab. Ob diese Bilder nun wirklich in den sozialen Netzwerken veröffentlicht werden, muss natürlich jeder selber wissen.

Shoefie: Während die nackten Füße meist im Sommer auf der Liege oder am Strand fotografiert werden, ist das Shoefie von der Jahreszeit unabhängig. Zunächst von Skatern entdeckt, entstehen inzwischen neue Formen. Zum Beispiel aus der Perspektive eines Kopfstands neben einem hohen Gebäude.

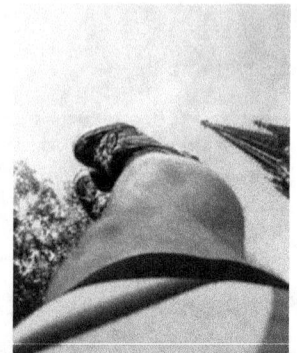

©Frank Voss / Facebook / voss.photos

Schatten: Bei ambitionierten Hobbyfotografen oder Profis lösen solche Bilder nur ein verständnisloses Kopfschütteln aus. Ein lang gezogener Schatten von Gruppen oder Einzelpersonen ist immer wieder ein beliebtes Motiv. Auch wenn es völlig sinnfrei ist.

Sellotape-Selfie: Ein weiterer Trend ist das Sellotape-Selfie, auf Deutsch etwa Tesafilm-Selfie. Während die meisten Selfies von jungen Frauen veröffentlicht werden, wie schon beschrieben, auch mit einem ironischen Mut zur Hässlichkeit, schlagen die meist Männer mit dem Sellotape-Selfie zurück. Ausnahmen bestätigen mal wieder die Regel.

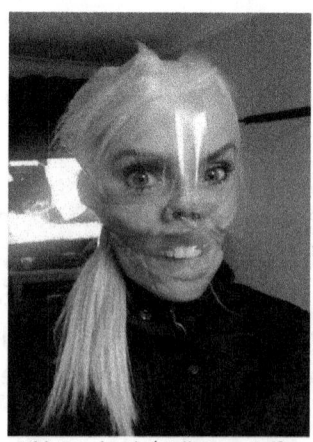

Bild: Facebook / Sellotape-Selfie

Es gibt noch viele weitere Selfie-Varianten wie das Bifie, eine Selbstfotografie im Bikini. Inzwischen sind wohl alle menschlichen Körperteile fotografiert und mit einem „-fie" versehen worden.

Zugedröhnt: Partyfotos gab es schon immer, ein späteres Betrachten verursacht auch häufig ein Schmunzeln. Heutzutage, da fast jeder Partygast ein Smartphone dabei hat, sind solche Aufnahmen natürlich noch schneller gemacht. Im Zeitalter der sozialen Medien sollte jedoch Vorsicht im Umgang mit solchen Bildern gelten. Selfies eines besoffenen Menschen sind meist nur für Freunde und Bekannte lustig. Im sozialen Netzwerk können diese Bilder einen großen Imageschaden verursachen.

HDR

High-Dynamic-Range (HDR) Fotografie ist unter Profis und ambitionierten Hobbyfotografen weit verbreitet, aber umstritten. Doch was bedeutet das? HDR-Images sind Bilder mit hohem Dynamikumfang und werden auch Hochkontrastbilder genannt. Bei einem HDR-Bild wird eine Belichtungsreihe von mindestens zwei Bildern aufgenommen und diese zu einem Bild zusammen verrechnet. Dadurch werden mehr Details erhalten, helle Bereiche wirken nicht ausgewaschen, in dunklen Bereichen sind Details erkennbar und eben nicht nur ein schwarzer Fleck. Kann doch diese Art der Fotografie Schwächen ausbügeln, dem Bild zu lebendiger und dynamischer Ausstrahlung verhelfen.

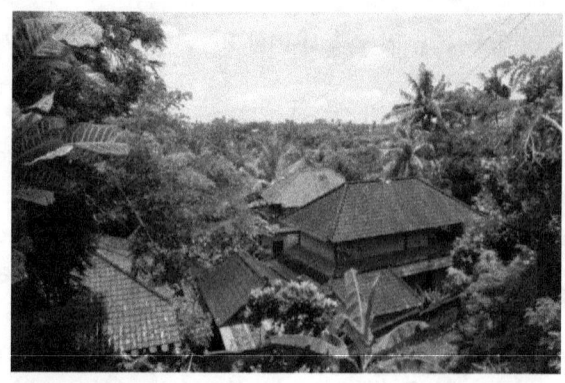

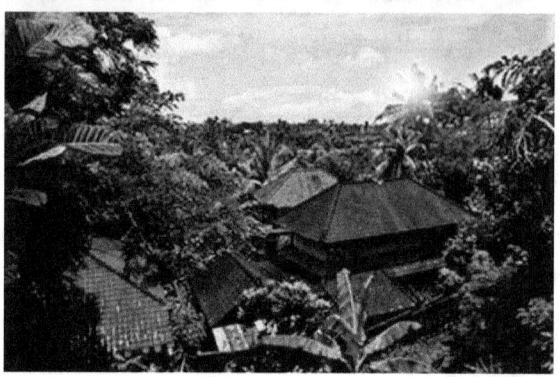

In den neueren Smartphones gibt es die HDR-Funktion inzwischen „ab Werk" in unterschiedlicher Qualität. Die Kameras produzieren eine Serie von drei, die höherwertigen fünf Fotos. Da Smartphone-Fotografen in der Regel ohne Stativ unterwegs sind, muss die Kamera natürlich besonders ruhig gehalten werden. HDR-Fotos werden grundsätzlich ohne Blitz aufgenommen.

Ein echtes HDR-Bild sollte nicht mit einem einfachen Bild (*Low Dynamic Range*, LDR), dem von der Bildbearbeitung ein vorgefertigter HDR-Effektfilter aufgesetzt wurde, verwechselt werden. Das bleibt immer ein Fake. Man kann nicht aus einem einzelnen Foto ein HDR-Bild erzeugen. Manche Ergebnisse von HDR-Effektfiltern erinnern mich dann auch eher an Lomografie denn an High Dynamic Range.

Tilt & Shift

Ähnlich wie HDR ist Tilt & Shift in der Fotografie ein Klassiker, und wurde im digitalen Zeitalter neu entdeckt. Profis erzeugen mit teuren Objektiven diesen Effekt, der reale Landschaften plötzlich aussehen lässt wie Opas Eisenbahnzimmer mit Faller-Häuschen und Märklin-Eisenbahn. Neidisch schauten auch wir Photoshop-Nerds auf die Ergebnisse. Schnell war klar, dass diese auch in der Bildbearbeitung simuliert werden können. Heute bieten einige Kamera- und Bildbearbeitungs-Apps die Tilt & Shift Funktion.

Egal ob Sie nachträglich die Unschärfen hinzufügen, ein teures Objektiv an Ihrer DSLR oder eine App benutzen, ein paar Grundregeln sollten schon vor der Aufnahme beachtet werden. Und, wen wundert es, diese Regeln lassen sich aus der Modelleisenbahnanlage ableiten.

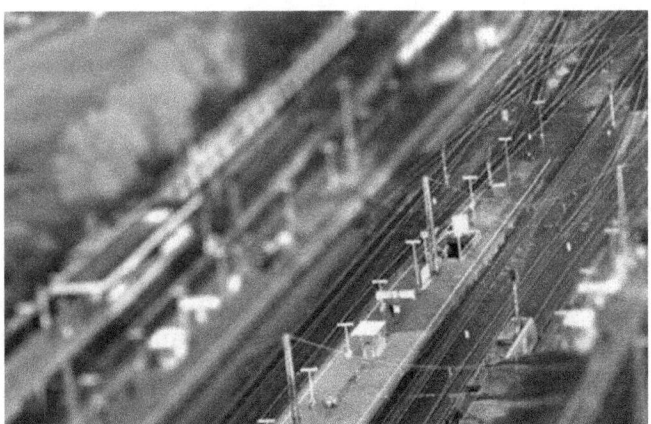

Von oben herab

Der Standort, von dem Sie fotografieren, sollte höher gelegen sein als das zu fotografierende Objekt oder die Szene. Hohe Stockwerke, Hochhäuser, Türme oder auch ein Park, von welchem man auf die Stadt schaut, eignen sich hervorragend. So lässt sich das Gehirn des Bildbetrachters leichter manipulieren, es entsteht eher der Eindruck einer Miniatur.

Gewusel tut oft gut

Fotografieren Sie doch einmal das Gewusel vom oberen Stockwerk eines Shoppingcenters. Am besten mit vielen Menschen auf den Rolltreppen. Und nun achten Sie auf den Detailreichtum. In diesem Fall wirken die Menschen auf einem Tilt & Shift Bild miniaturisierend. Ähnlich verhält es sich mit Tieren, Bäumen oder Fahrzeugen. Bei Gebäuden, insbesondere bei Hochhäusern, sollten Sie darauf achten, dass die vertikalen Linien der Hochhäuser parallel zu der Bildkante verlaufen.

Szene und Details
Rushhour einer Großstadt, ein Blick auf die Rolltreppen eines Shoppingcenter oder das bunte Gedränge auf einem Marktplatz wären andere Möglichkeiten für eine Szene. Alltagsszenen eignen sich ganz hervorragend. Auch Bilder ohne Menschen und Tiere, aber mit vielen Details, haben ihren Reiz. Die alte **Fotografenregel „Ran an das Motiv"** hat bei dieser Art der Bildgestaltung keine Gültigkeit.

Wenn die Fotos geeignet sind, lassen sich in der Bildbearbeitung bewusst eingesetzte Unschärfen (Blur oder Bokeh) produzieren. Einige Bearbeitungs-Apps erzeugen durch Tilt & Shift – Filter diese Effekte. Mehr dazu im Kapitel **Kamera** und **Bildbearbeitung**.

Panorama

Die Panoramafunktion ist in den meisten Smartphone-Kameras eingebaut, häufig jedoch auf einen Halbkreis, also

180°, beschränkt. Egal ob rundum oder Halbkreis, es gibt zwei Methoden zum Panoramafoto.

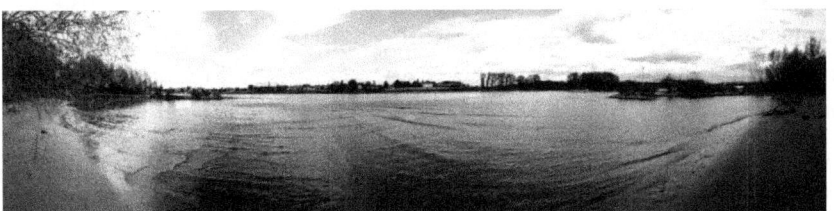

Panorama: Rheinstrand bei Köln Zündorf

Sweep-Panorama

Es wird kontinuierlich aufgenommen. Die Kamera wird langsam und gleichmäßig links oder rechts herum bewegt, um das gesamte Panorama zu erfassen.

Bewegen/Aufnehmen-Panorama

Es werden mehrere Einzelbilder aufgenommen: Aufnehmen - Bewegen-Aufnehmen-Bewegen-und immer weiter, bis das gewünschte Panorama fotografiert ist. Bei dieser Methode ist darauf zu achten, dass jedes Bild eine Überlappung von ca. 20% zum nächsten hat. Sonst kann es sein, dass die Software keinen Ansatz zum Ankoppeln findet. So jedenfalls, wenn Sie ein Panorama individuell aufnehmen wollen. In der Regel hilft die Automatik der Kamera-App bei dieser Aufgabe.

Bei der Sweep-Methode erfolgt die Aufnahme eigentlich im Video-Modus. Daher ist die Höhe des Panoramas durch die maximale Auflösung für Videoaufnahmen begrenzt. Unabhängig davon ist es sehr schwer, scharfe Ergebnisse zu erzielen. Die Kamera ist ständig in Bewegung, die Belichtungszeiten sind unterschiedlich.

Mit der Bewegen/Aufnahme-Methode ist es möglich, die Einzelbilder in höchster Auflösung aufzunehmen. Allerdings sollten Sie darauf achten, dass genügend Speicherplatz zur Verfügung steht.

Bei beiden Methoden gilt, dass die Aufnahmen im Hochformat produziert werden. Sonst kommt es zur Verzerrung der Horizontallinie und es bleibt bei der abzurechnenden Verkrümmung nur noch ein schmaler Bereich übrig.Zudem gibt es mehrere Möglichkeiten, um das Panorama aufnehmen zu können. Häufig höre ich den Tipp, das Smartphone nur mit der Hand zu bewegen, bzw. zu drehen. Dieser Tipp funktioniert allerdings nur bis zu einem bestimmten Winkel. Bei einem Rundum-Panorama hilft alles nichts, da muss **sich** der Körper mit drehen.

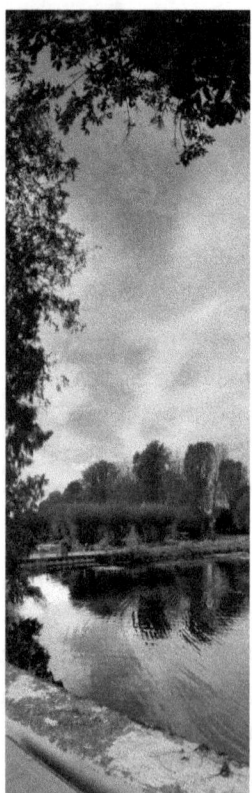

Vertikales Panorama

Kleine Kamerakunde

„Man kann aus einer Katze keine Kuh machen" heißt ein altes Sprichwort. So oder ähnlich verhält es sich auch mit den Kameras. Die üblichsten Kameras für den Hobbyfotografen sind, neben dem Smartphone, die Kompaktkamera und die digitale Spiegelreflex (DSLR).

Digitale Kameratypen

- **DSLR** – die digitale Spiegelreflexkamera ist die Königsklasse der digitalen Fotografie. Im Handel werden Kameras vom Einsteigermodell bis zur professionellen Hochqualitätskamera angeboten.

- **SLT** – digitale Spiegelreflexkamera mit halb durchlässigem Spiegel. Ein Wegklappen des Spiegels wie bei der DSLR entfällt, daher ist eine kompaktere Bauweise möglich. Alleinhersteller: Sony

- **Spiegellose Systemkamera** – ähnlich wie bei Spiegelreflexkameras lassen sich verschiedene Objektive benutzen. Die Preise sind vergleichsweise höher, die Bildqualität allerdings schlechter als bei DSLR. Auch die Auswahl an verschiedenen Objektiven ist im Vergleich zu den Spiegelreflexkameras eher überschaubar.

- **Bridge-Kamera** – diese Kameras sollen die Lücke zwischen einer Kameraausrüstung mit Wechselobjektiven und der Kompaktkamera schließen. Diese Kameras verfügen über feste Objektive mit einem sehr variablen Weitwinkel-Zoombereich

- **Kompaktkamera** – die wohl bekannteste Form, wenn von einer „Digi" die Rede ist.

- **Aufsteckkamera** – eigentlich eine Kompaktkamera ohne Sucher und ohne Display. Die Funktion des Displays übernimmt das Smartphone, welches per NFC oder WiFi verbunden ist. Auch bei diesem Kameratyp ist Sony Alleinhersteller.

- **Smartphone-Kamera** – die kleinste aller gängigen Digitalkameras.

Die Kamera im Smartphone besteht aus drei elementaren Teilen, der Linse, dem Sensor und der Kamerasoftware. Leider ist selbst bei hochpreisigen Smartphones aufgefallen, dass die Linse und oft auch der Sensor für Handyverhältnisse gut sind, die mitgelieferte Software jedoch nicht einmal einen digitalen Bildstabilisator, geschweige denn ausreichende Einstellungsmöglichkeiten bietet. Diese Schwäche lässt sich mit zusätzlichen Apps ausgleichen
Lassen Sie sich nicht von der Angabe der Megapixel oder Zoom täuschen. Die Auflösung in Megapixel sagt nicht zwingend etwas über die Bildqualität, sondern etwas über die Bildgröße aus. Natürlich verschlechtert sich die Qualität des Bildes, wenn ein Bild mit wenig Megapixel vergrößert wird. Sehen Sie sich doch einmal ein Handyfoto in der 100% Auflösung an, Sie werden es meist so nicht weiterverwenden wollen. Die Objektive in Smartphones sind in der Regel nicht beweglich, können dadurch auch nur digital zoomen. Das Zoomen verringert immer die Bildqualität, dies gilt besonders bei der digitalen Variante.

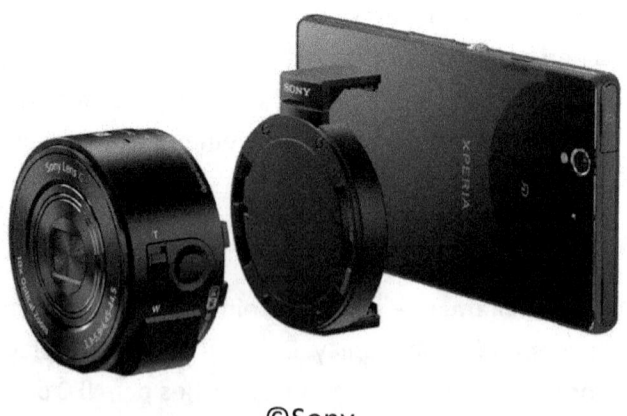

©Sony

Im Herbst 2013 kamen Sony-Objektivaufsätze für Smartphones in den Handel. Diese Aufsätze funktionieren mit Android- und iPhones. Es handelt sich hierbei um digitale Kompaktkameras ohne Display und Blitz, aber mit optischem Zoom und weiteren interessanten Details. Die ersten Eindrücke formuliert die Fachpresse durchaus positiv, wenn auch die Listenpreise zwischen 200 € für das Modell einfach und 450 € für die Komfortversion über Sinn und Wirtschaftlichkeit nachdenken lassen. Inzwischen sind die Straßenpreise gesunken und ich habe die kleinere der beiden, **die QX 10 getestet.**

Billigobjektive, die insbesondere als Weitwinkel oder „Fisheye" fürs iPhone bei eBay und Amazon angeboten werden, gehen meist nicht über die Qualität eines Türspions hinaus. Übrigens funktioniert ein Türspion wirklich als Weitwinkel, wenn Sie ihn vor die Linse halten. Allerdings können Sie mit dieser Methode keine hochwertigen Fotos erwarten.
Schon in Zeiten der analogen Fotografie hieß es oft „Meine Kamera macht gute Bilder." Vom Fotografen war nicht die Rede. Tatsächlich werden Bilder, welche im Automatikmodus aufgenommen wurden, von der Kamera auf einen Durchschnittswert hochgerechnet. So ist es noch heute, von der Handykamera bis zur DSLR.

Die die häufigsten Schwachstellen bei Smartphone-Fotos sind

- Rauschen
- Verwackeler
- Falscher Fokus
- Fehlende Kontraste
- Mangelndes Licht
- Schiefer Horizont
- Farbstich

Manchmal auch alles zusammen. Einige dieser Probleme sind erst mit der Bildbearbeitung zu korrigieren. Andere können schon bei der Produktion des Bildes durch Handhabung oder Nutzung von Apps vermieden oder zumindest abgeschwächt werden.

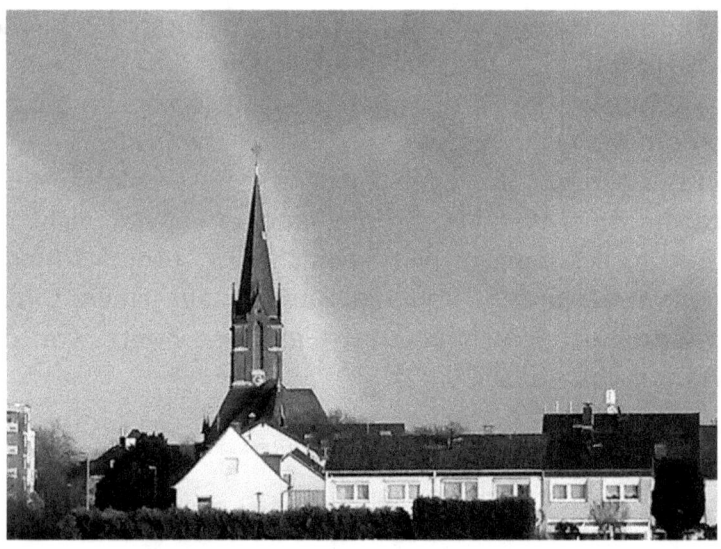

Allgemeine Fototipps

Im folgenden Kapitel werden einige allgemeingültige Tipps gegeben. Ich höre jetzt schon den einen oder anderen Leser, der sagt: „Das habe ich auch vorher gewusst." Da ich mich aber immer wieder selber dabei erwische diese Standards zu ignorieren, ist dieses Kapitel sicherlich nicht nur für Einsteiger von Bedeutung.

Gerade halten!

Seit der Erfindung der digitalen Fotografie weisen vermehrt viele Landschafts- oder Städteaufnahmen einen schiefen Horizont oder schiefe Gebäude auf. Vermutlich ist es einfacher, die Kamera gerade an das Auge zu halten, als in der „typischen Digihaltung", also mit ausgestreckten Armen. In der digitalen Bildbearbeitung lässt sich zwar einiges ausbügeln, das Bild wird dadurch aber an den Rändern beschnitten. Tipp: In jeder Kamera gibt es Hilfslinien, Gitter oder ähnliche Anhaltspunkte. Sie können eine Laterne, Hausecke oder den Horizont an den Punkten ausrichten. Wenn es doch schiefgegangen ist, muss die Bildbearbeitung es richten. Doch dazu kommen wir noch.

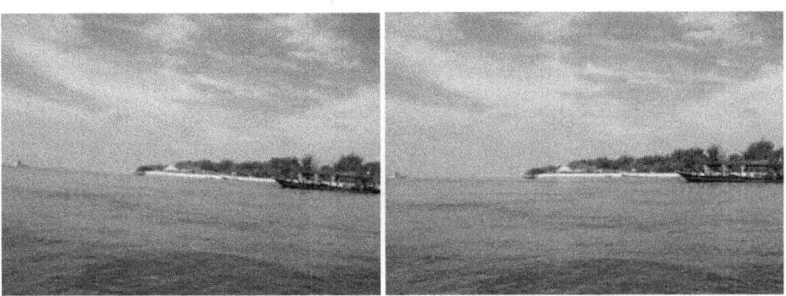

Im richtigen Licht stehen!

Wir haben am Handy keinen **richtigen Blitz**, sondern nur ein LED-Lämpchen. Je nach Leistungsfähigkeit und Lichtverhältnissen kann die Nutzung der LED zu besseren Fotos führen. Der größte Fehler ist jedoch, die LED als einen echten Blitz anzusehen. Ein echter Blitz, sei es ein externer an der DSLR oder ein eingebauter der Kompakten, blitzt etwa eine 5000stel, in Worten, eine fünftausendstel Sekunde. Die LED ist dagegen träge wie eine lahme Ente. Doch was bewirkt es?

Bei einem Blitz wird das angeblitzte Objekt aufgenommen, als wenn Sie 1/5000 sek. belichten. Der nicht vom Blitz ausgeleuchtete Hintergrund kann durchaus unscharf oder verwackelt sein. Wenn in diesem Zeitpunkt sich das Objekt bewegt oder die Kamera nicht ganz ruhig gehalten wird, wird es im Bild nicht auffallen, es bleibt trotz allem gestochen scharf. Die Belichtungszeit ist einfach zu kurz.

Anders bei unseren Smartphones. Das Licht beleuchtet die Szene oder das Objekt sowohl vor, als auch nach der Auslösezeit. Das bedeutet im Umkehrschluss, dass die Belichtungszeit durch den Blitz nicht, auch nicht für das Objekt im Vordergrund, verkürzt wird. Bewegungen oder unruhige Kamerahaltung wird über die gesamte Belichtungszeit aufgenommen, und mit unscharfen, im ungünstigsten Fall mit unbrauchbaren Bildern bestraft. Zudem sei erwähnt, dass LEDs häufig einen Blaustich auf dem Bild verursachen.

Achten Sie bei schlechten Lichtverhältnissen, wie in Innenräumen, auch auf andere Lichtquellen. Ein Sonnenfenster ist genauso ein gutes Hilfsmittel wie eine Deckenbeleuchtung. Für punktuelle Beleuchtung eines Objekts kann eine Taschenlampe helfen. Auch Omas Stehlampe kann wertvolle Dienste leisten. Ich benutze die LED nur, wenn ich sonst nicht genug Lichtquellen zur Verfügung habe. Fotografieren ist Malen mit

Licht. Fotografieren Sie nach Möglichkeit immer mit dem Licht, also z. B. mit den Sonnenstrahlen. Wenn Sie sehr gute Lichtverhältnisse haben, können Sie die Lichtempfindlichkeit anpassen, also den ISO-Wert nach oben korrigieren. Das Ergebnis ist ein dynamischeres und schärferes Bild.

Tipps gegen Verwackelungen!

Inzwischen gibt es viele Smartphones mit optischem Bildstabilisator. Sie helfen damit, besser als die bisherigen digitalen Stabilisatoren, Verwackelungen vorzubeugen. Das ist gut, denn Verwackeler lassen sich auch mit der besten Bildbearbeitung nicht oder nur ganz schwer korrigieren.

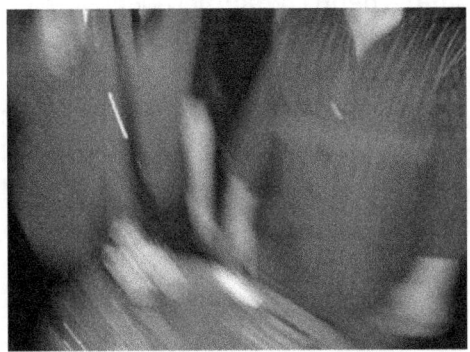

Selbst hochwertige Smartphones haben häufig keine digitale Anti-Shake-Funktion in ihrem Repertoire. Verwackelungen treten verstärkt bei Nutzung des Zooms auf. Gehen Sie lieber ein paar Schritte näher heran. Nutzen Sie das „natürliche Zoomobjektiv", ihre Beine.

- Bei den meisten Smartphones löst die Kamera erst aus, wenn Sie den Finger vom virtuellen Auslöser nehmen.
- Durch das Tippen auf das Display können leichte Erschütterungen entstehen. Nutzen Sie den Hardware-Auslöser. Bei Android ab 4.3 Jelly Beans und iPhone ab

iOS 5 kann die Lautsprechertaste als Auslöser genutzt werden. Beim iPhone funktioniert es mit „Lauter" (+), dem Androiden ist die Lautstärke egal. Wenn Sie das Headset angeschlossen haben, können Sie den Lautstärkeregler als Fernbedienung für den Auslöser nutzen.

- Da Sie als Smartphone-Fotograf in der Regel kein Stativ dabei haben, nutzen Sie sich selbst als Stativ-Ersatz. Lehnen Sie sich an, oder stützen Sie sich ab. Eine Hauswand, eine Laterne oder die Ellenbogen auf dem Tisch abgestützt, bieten eine gewisse Stabilität. Auch die zweite Hand ist eine Art Stativ: Wenn kein „Hilfs-Stativ" in der Nähe ist, sollten Sie eine Kamera, also auch ein Smartphone, mit beiden Händen halten. Das sieht zwar nicht so cool aus, doch mögliche Verwackelungen werden dadurch deutlich reduziert oder verhindert.

Unabhängig ob Touchscreen- oder Hardwareauslöser, die Auslöseverzögerung ist bei jedem Handy unterschiedlich. Berechnen Sie daher die Auslösezeit mit ein. Ergänzende Apps mit Anti-Shake-Effekt stelle ich im Kapitel *Kostenlose Kamera Apps* vor.

Die Sache mit dem Zoom

Haben Sie schon einmal mit Ihrem Smartphone eine Zoom-Aufnahme produziert? Was haben Sie mit dem Foto gemacht? Das Gleiche wie ich, in die Tonne gekloppt? Das war das Beste, was Sie machen konnten. Wie schon erwähnt, verfügt die Kamera im Smartphone **in der Regel** über ein digitales Zoom. Im Gegensatz zu einem echten Zoom, also einem Objektiv mit variablen Brennweiten, wird hier von dem Bild einfach nur ein Ausschnitt genommen. Ich verzichte beim Smartphone inzwischen grundsätzlich darauf, da mir Bilder mit starkem Rauschen, verwaschenen Farben, Unschärfen und Wacklern einfach nicht gefallen. Jeder Einsatz eines Zooms, auch eines real existierenden Zoomobjektives, verringert die Qualität des Bildes. Besser Sie gehen ein paar Schritte an die Person oder das Objekt heran. Probieren Sie es aus und erkennen Sie den Unterschied. In der Nachbearbeitung können Sie das machen, was ein digitales Zoom auch macht: das Bild passend schneiden.

Lieber nah ran als nur dabei

„Wenn deine Bilder nicht gut genug sind, warst du nicht nah genug dran." Dieser Satz des berühmten Fotografen Robert Capa (1913-1954) ist bis heute aktuell geblieben. Egal ob Sie Personen oder andere Dinge abbilden wollen. Nähe erzeugt Emotionen, Entfernung dient der Versachlichung. In der privaten Fotografie ist die journalistische Distanz in der Regel fehl am Platze.

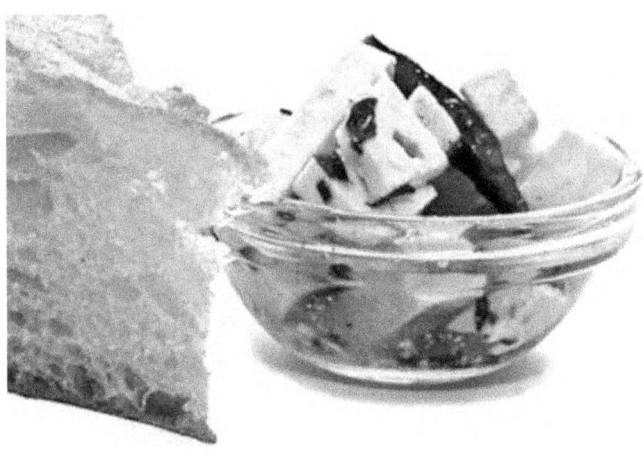

Alle Megapixel nutzen

Geizen Sie nicht an Speicherplatz. Zwar haben die Megapixel, wie schon erwähnt, hauptsächlich etwas mit der Größe des Bildes, nicht aber mit der Qualität zu tun. Wenn Sie jedoch das Bild bearbeiten, insbesondere beschneiden wollen, werden Sie sich ärgern, wenn es so mickerig klein ist. Bei der **Betrachtung auf dem Fernsehbildschirm** werden Sie froh sein, wenn alle Megapixel genutzt wurden.

Wenn Ihr Smartphone einen SD-Slot hat, haben Sie mit einer SD-Card genug Speicherplatz. Aber auch wenn Ihr Gerät nur einen festen Speicher vorweist, können Sie beispielsweise unterwegs die Bilder in die **Cloud** oder eine andere **externe Datensicherung** laden. Dann hat Ihr Telefonspeicher wieder genug Platz für neue Taten.

Nichts dem Zufall überlassen: Funktion *Serienbild* benutzen

Sollte Ihr Smartphone keine Serienbildfunktion an Bord haben, empfehle ich nachdrücklich, eine der unten genannten Kamera-Apps zu nutzen. Gerade bei der Smartphone-Fotografie, die bei allen Vorteilen die erwähnten Nachteile hat, sollten Sie sich die Option offen halten Bilder zu selektieren. Dafür brauchen Sie aber erst einmal welche. Bei Objekten, welche ständig in Bewegung sind, ist die Wahrscheinlichkeit ein ordentliches Foto mit dem Smartphone zu schießen ohnehin gering. Wenn Sie eine Serie aufnehmen, ist die Chance ein gutes Foto dabei zu haben, wesentlich größer. Denken Sie zum Beispiel an einen Besuch im Zoo, spielende Kinder oder ein Rockkonzert. Probieren Sie es aus, machen Sie in einer solchen Situation ein paar Einzelbilder, nutzen Sie anschließend die Serienbildfunktion. Geizen Sie nicht an der An-zahl der Bilder. Sie sind kostenlos und lassen sich löschen.

Sauber bleiben!

Ein kleiner Tipp für das Aufnahmegerät, also dem Smartpho-ne: Halten Sie die Linse sauber! Denken Sie doch mal daran, dass durch diese kleine Linse unterschiedliche Lichter aufge-nommen werden sollen, die der Sensor als Bild erkennen muss. Da ist jedes Staubkorn und jeder Fingerabdruck stö-rend.

Natürlich ist ein Smartphone in erster Linie ein Gebrauchsge-genstand. Daher gehen Vielnutzer nicht unbedingt pfleglich mit diesem ständigen Begleiter um. Doch auch bei einem Smartphone kann die Linse beziehungsweise die vorgelagerte Glas- oder Kunststoffplatte verkratzen. Nur die wenigsten Ge-räte besitzen einen Objektivschutz wie das LG G2 oder Saphir-glas wie die iPhones 5S oder 6.

Am besten halten Sie die Linse mit einem weichen Microfaser-tuch wie einem Brillentuch sauber. Natürlich geht zur Not auch mal ein Tempo, aber bitte keines mit Balsam oder ande-ren Ölen. Sandkörner sollten Sie immer wegpusten, sonst können Kratzer entstehen.

Bildkomposition – schon bei der Aufnahme das Bild lebendiger gestalten

Die Geschichte des „Goldenen Schnitt" führt uns bis in die Antike. Eine umfassende theoretische Aufarbeitung würde den Rahmen dieses Buchs sprengen. Nur so viel: Bei der Bild-gestaltung nach dem „Goldenen Schnitt" wird eine Strecke nach folgendem Verhältnis geteilt: Die Teilstrecke a verhält sich zur Teilstrecke b wie die Gesamtstrecke a + b zu a.

Gestalten Sie schon bei der Aufnahme Ihr Bild interessanter. Wenn Sie Ihr Smartphone ansetzen, stellt sich die Frage: Hoch- oder Querformat? Hier gilt eine Faustregel: für Porträts das Hochformat, für Landschaftsaufnahmen das Querformat. Aber es ist kein feststehender Grundsatz, sondern nur eine Faustregel.

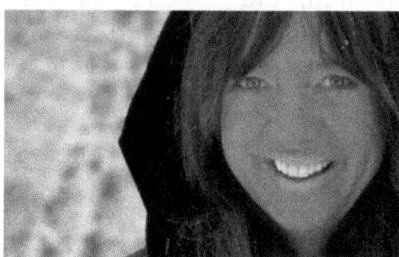

Bild: Tilman Jörg / pixelio.de

Wie an diesem Beispiel zu sehen ist, kann schon das Aussuchen des Formats ein Teil der Bildgestaltung sein. Zunächst wurde die Faustregel auf den Kopf gestellt und ein Porträt im Quer- statt im Hochformat aufgenommen. Auf der linken Seite sehen wir etwas, was eine winterliche Landschaft vermuten lässt, gefolgt von dem Fragment einer Kapuze. Erst etwa im letzten Drittel sehen wir das Hauptmotiv. Die „Drittel-Lösung" wird in der Fotografie auch als die einfache Form des „Goldenen Schnitt" bezeichnet. Mittig kann jeder! Probieren Sie es aus. Dritteln Sie Ihr Bild schon vor der Aufnahme im Kopf und nutzen Sie die Anhaltspunkte oder Hilfslinien der Kamera-App auf dem Display.
Wenn Sie Ihre Bilder hauptsächlich am Bildschirm oder Beamer präsentieren, ist das Hochformat nahezu tabu. Bedenken Sie: Bildschirm oder Leinwand sind immer im Querformat. Durch häufigen Formatwechsel verwirren Sie Ihre Zuschauer unnötig.

Bearbeiten und Teilen mit SocialMedia

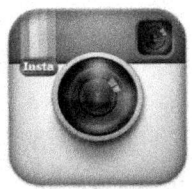

Instagram–gute Fotos schnell den Freunden zeigen

Spätestens seit Facebook im April 2012 Instagram übernahm, entwickelte es sich zu einem wahren Senkrechtstarter der sozialen Netze. Bis September 2012 wuchs die Zahl der registrierten Nutzer laut Facebook-Chef Marc Zuckerberg von 30 auf über 100 Millionen. Fotos werden auf Instagram geteilt und können leicht auf andere Social-Media-Plattformen wie Twitter, Facebook oder Tumblr hochgeladen werden. Instagram ist eine Mischung aus einem Microblog à la Twitter sowie einer audiovisuellen Plattform für Bilder und Videos. Die Registrierung ist ähnlich, der anderer Netzwerke. Bei einem bestehenden Facebook-Konto brauchen nur noch ein paar Details ergänzt werden. Und schon erscheint der Bildschirm mit dem persönlichen Profil. Im unteren Reiter ganz rechts lässt sich dieses immer wieder aufrufen und vervollständigen.

In dem ersten Punkt des oberen Menüs werden, wenn vorhanden, die eigenen Bilder gezeigt; gefolgt von den Textbeiträgen. Der dritte Punkt zeigt die Fotokarte, wenn bereits Bilder mit Geotag versehen wurden. Im letzten Menüpunkt wird angezeigt, ob es bereits Bilder des Benutzers gibt, die von anderen aufgenommen wurden.

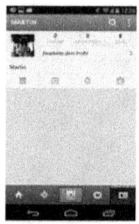

Die untere Leiste zeigt ganz rechts das berühmte Häuschen, also der Home-Button. Das Sternchen rechts daneben wird bei Instagram der „Explorer-Reiter" genannt. Hier werden neue oder vermeintlich interessante Nutzer vorgeschlagen, denen gefolgt werden kann. Außerdem kann hier nach anderen Nutzern gesucht oder Hashtags durchsucht werden.

Der „Kamera-Reiter" ist in dieser Menüleiste nicht nur symbolisch in der Mitte, er stellt auch den Mittelpunkt der App dar. Hierüber lassen sich Bilder mit der Instagram-Kamera aufnehmen, hochladen, bearbeiten und teilen. Doch nutzen Sie besser eine andere Kamera. Entweder die Standardkamera Ihres Smartphones, oder eine der unten stehenden Apps. Die Instagram-Kamera nimmt nur Fotos mit maximal 600x600 Pixel auf. Sie können diese Bilder also kaum anderweitig verwenden. Umgekehrt können Sie aber Bilder von jeder x-beliebigen Kamera in jedes Netzwerk laden.

Der Menüpunkt mit dem Herzchen ist der „Neuigkeitenreiter". Hier werden die „Gefällt mir"-Angaben und Kommentare zu den eigenen Fotos oder Videos angezeigt.
Trotz der abfälligen Bemerkungen ambitionierter Hobbyfotografen, Instagram sei eine Katzenbilder-App, hat sich diese inzwischen zu einem beliebten Werkzeug entwickelt. Fotos lassen sich unterwegs schnell bearbeiten und direkt veröffentlichen. Dank der umfangreichen Filterwerkzeuge lassen sich erstaunliche Effekte produzieren.

Auffällig ist bei Instagram, dass die Bilder zunächst in ein quadratisches Format zugeschnitten werden. Das quadratische Bild erinnert an Kodak Instamatic, Polaroid-Bilder bzw. das früher beliebte **6x6 Rollfilm-Format**. Diesen Schritt können Sie vernachlässigen, wenn Sie aus der App direkt mit der Instagram-Kamera fotografieren.

Und nun geht es an die Bearbeitung: Der schiefe Horizont wird begradigt, sonst läuft uns noch das Wasser aus dem Bild. Wie schon erwähnt, ist der schiefe Horizont ein Klassiker der Hobbyfotografie, besonders im digitalen Zeitalter. Instagram bietet für die Ausrichtung ein einfaches, aber gutes Tool.

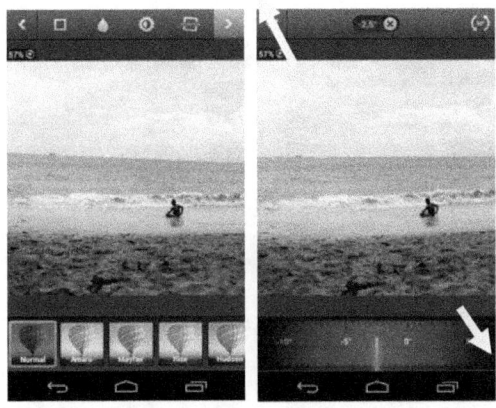

Zunächst das Ausrichten-Werkzeug, oben rechts, antippen, anschließend lässt sich das Bild ganz prima mit dem unteren Orientierungsrad bearbeiten. Während dieses Prozesses werden auf dem Display Hilfslinien eingeblendet. Daran lässt sich das Bild sehr genau ausrichten. Wenn alles ordentlich ist, brauchen Sie nur noch oben mit dem Häkchen bestätigen. Das war einfach, oder?

Als Nächstes können Sie den Button direkt links neben dem Ausrichten-Werkzeug ausprobieren. Plötzlich ist das Bild dynamischer, kontrastreicher und schärfer. Doch Achtung, das passt nicht bei allen Aufnahmen. Daher empfehle ich, zunächst mit den Filter-Optionen zu arbeiten.

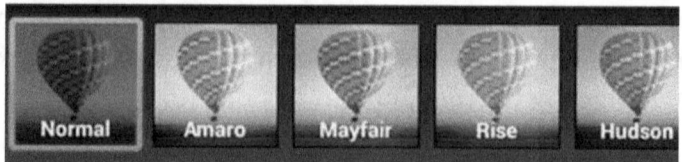

Instagram bietet momentan zwanzig Filter zur Bearbeitung Ihrer Fotos an. Da wird zu jeder Stimmung etwas Passendes dabei sein. Um den gesamten Umfang kennenzulernen, empfiehlt es sich, auch ab und an die Rahmen oben rechts einzuschalten. Nicht für alle Filter sind Rahmen vorhanden.

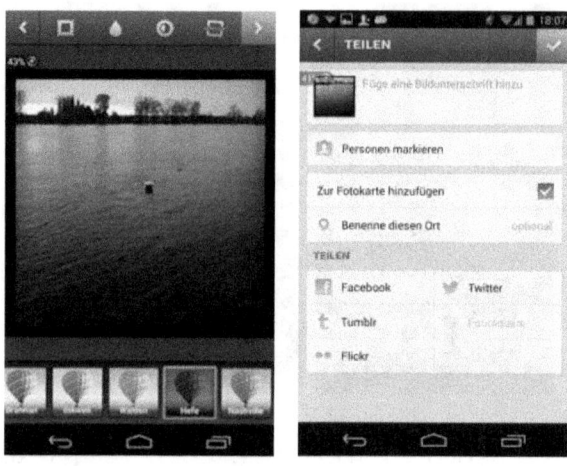

Ich habe mich für den Filter „Hefe" mit Rahmen für das obenstehende Bild entschieden. Es ist zwar melancholisch, aber durchaus stimmig. Je nach Stimmung und Geschmack des Bildautors, kann noch das Tropfensymbol ausprobiert werden. Dieses bewirkt, dass die Ränder des Bildes weichgezeichnet werden, somit wird der Mittelpunkt mehr in den Fokus gerückt. Auch der „Kontraste"-Button kann noch einmal angetippt werden.

Der Rest ist schnell gemacht: Zum Bestätigen den Pfeil oben rechts antippen, es erscheint das *„Teilen"*-Template. Neben der Bildminiatur wird jetzt der dazugehörige Text eingefügt. Personen auf dem Bild werden mit einem Fingertipp auf die nächste Zeile markiert. Anschließend haben Sie noch die Möglichkeit, ihr Bild in der Fotokarte hinzuzufügen. Ein Tipp darauf, schon öffnet sich eine Auswahl von Möglichkeiten. Wenn das Richtige nicht dabei ist, können Sie den Ort auch selber benennen oder die Fotokarte unbeachtet lassen.

Zum Schluss wird bestimmt, wo das Foto noch veröffentlicht werden soll. Zur Auswahl stehen Facebook, Twitter, Tumblr, Flickr und Foursquare. Jetzt nur noch oben alles mit dem Häkchen rechts neben *„Teilen"* bestätigen. Fertig! Auch der Versand per eMail ist möglich.

Denken Sie bitte daran, dass Instagram nur funktioniert, wenn Sie mit dem Internet verbunden sind. Das kann, insbesondere im Ausland oder ohne Flatrate für mobiles Internet, sehr teuer werden.

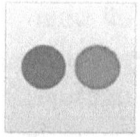

Flickr der Fotodinosaurier

Der seit vielen Jahren zu Yahoo gehörige Webdienstleister mit Community-Elementen erlaubt den Nutzern digitale und digitalisierte Bilder mit Kommentaren und Notizen auf die Website zu laden und zu teilen. Das gilt auch für kurze Videos von maximal drei Minuten Dauer. Mit der Flickr-App kann man direkt aus der App fotografieren und es stehen 16 Filter zur Verfügung. Auf Tools für Begradigung, Kontraste oder Belichtung muss allerdings verzichtet werden. Flickr eignet sich besonders für Nutzer, die große Mengen an Bilddateien im Netz lagern wollen. Schließlich gibt es ein volles Terabyte kostenlos als Speicherplatz. Die App ist für Android, iPhone und Windows-Phone erhältlich. Anmelden und registrieren können Sie sich auch mit einer Yahoo-ID oder einem Google- oder Facebook-Konto.

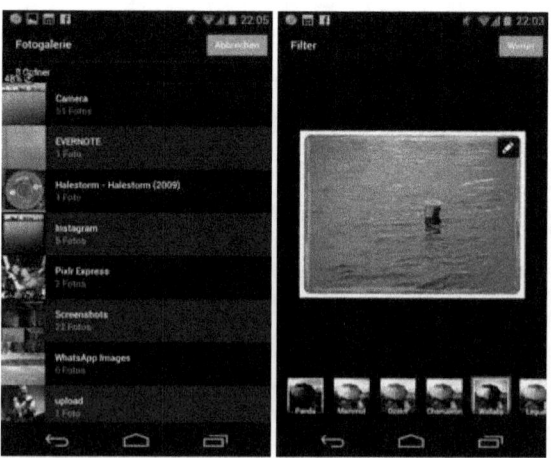

Das Menü oben rechts im Startbildschirm bietet die unterschiedlichen Einstellungen, auch für das eigene Profil. Unter *„Folge ich"* kann überprüft werden, wem gefolgt wird. Auf der rechten Seite finden wir das *Fotosymbol.* Nach einem Fingertipp können Sie in der Auswahl entscheiden, ob Sie ein neues Foto machen wollen, oder eines der gespeicherten Bilder auswählen möchten. Ich habe mich für ein bestehendes Foto aus der Galerie entschieden und diesem den Filter „Wallaby" zugewiesen. Nach einem Tipp auf den *„Weiter"*-Button habe ich die Möglichkeit das Bild zu betiteln und zu beschreiben. Die nächsten Optionen bieten mir an, wer das Bild sehen darf. Von *„Nur ich"* bis *„Öffentlich".* Eine zusätzliche Veröffentlichung bei Facebook, Twitter oder Tumblr ist ebenso möglich wie eine Weiterleitung per eMail. Anschließend gibt es noch die Möglichkeit einen Ort hinzuzufügen. Im Ausklappmenü „Erweitert" lassen sich Tags und Personen hinzufügen und das Bild in Alben und/oder Gruppen einordnen.

Auch wer nicht auf Handyfotografie fokussiert ist, sondern meist mit wesentlich höher auflösenden Kameras arbeitet, bekommt mit dem Gesamtpaket Flickr ein vielseitiges Dienstleistungsprogramm, systemübergreifend auf Smartphone, Tablet oder PC.

Vorbildlich ist die Rechtevergabe bei Flickr. Egal ob Sie sich alle Rechte vorbehalten wollen, oder auf die Creative-Commons-Lizenz verweisen, Sie haben die Wahl. Davon können andere Fotodienstanbieter noch viel lernen.

Da weder Format noch Dateigrößen vorgeschrieben sind und der Speicherplatz 1 TB beträgt, ist ein hohes Maß an Vielseitigkeit garantiert. Doch Flickr ist einfach zu schade, um es nur als Ablage für Bilder zu benutzen. Ich selber schaue mir gerne die großartigen Fotografien auf dieser Plattform an. Geben Sie doch auch einfach einmal einen Suchbegriff ein und lassen Sie sich überraschen.

Google+ Foto

Mitte Oktober 2013 war es plötzlich da, das Windrädchen, welches zunächst an das Logo von Picasa, dem Desktop Bilderdienst von Google, erinnert. Wenn anfangs in SocialMedia- und Fotokreisen darüber gerätselt wurde, was das werden soll, ist inzwischen klar: Der Name ist Google+ Foto und fester Bestandteil von Google+. Die App ist automatisch auf Ihrem Smartphone, wenn Sie Google+ installiert haben. In jedem Fall benötigen Sie ein Google-Konto. Android-Nutzer haben es wahrscheinlich sowieso, sonst können Sie keine Apps von Google Play herunterladen. Nutzer anderer Betriebssysteme brauchen sich nur eine Mail-Adresse bei Google einrichten, schon sind Sie dabei. Entweder starten Sie die App mit einem Fingertipp auf die kleine Windmühle auf dem Smartphone oder aus Google+.

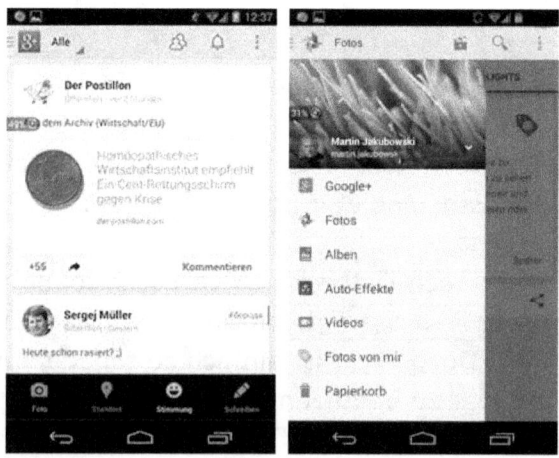

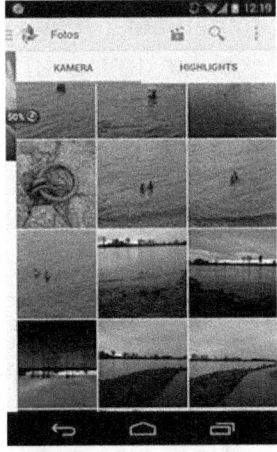

Es erscheint der Startbildschirm von Google+ mit verschiedenen Optionen. Wenn Sie auf den Menüpunkt *Fotos* tippen,
erscheint der Hinweis zum automatischen Sichern von Fotos
und Videos. Entscheiden Sie, ob diese direkt nach der Aufnahme in der Cloud gesichert werden sollen, dies nur bei
WLAN oder auch über Mobilfunk geschehen soll, oder ob das
Ganze auf später verschoben wird. Wenn WLAN verfügbar ist,
lohnt es sich, die Bilder zu sichern. Sie sind dann in der Cloud
auch verfügbar, wenn sie bereits vom Smartphone gelöscht
sind.

Wenn Sie ein wenig nach unten scrollen, finden Sie Ihre gespeicherten Bilder. Zum Bearbeiten tippen Sie eines davon an.

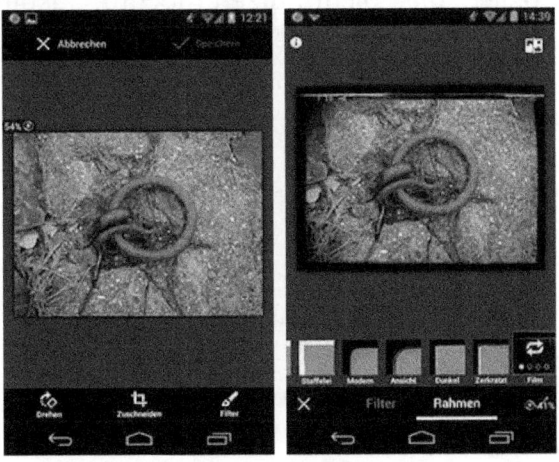

Mit dem mehrmaligen Tippen auf *Drehen* richten Sie das Bild aus, um anschließend eine der drei *Zuschneiden*-Optionen zu wählen. Neben *Drehen* und *Zuschneiden* können Sie bei dem Bild auch künstlerisch tätig werden, und dem Bild einen von insgesamt 10 Filtern und/oder 11 Rahmen zuweisen. Das obige rechte Bild ist ohne Filtermit dem Rahmen „Film" versehen.

Google+ bietet noch mehr und ist in letzter Zeit zu einer beliebten Plattform für Hobbyfotografen geworden. Das liegt unter anderem daran, dass Sie Bilder unbegrenzt kostenlos online speichern
können. Allerdings nur in der reduzierten Qualität, bis zu einer Auflösung von maximal 2048 x 2048 px. Wenn die Bilder im großformatigen Original hochgeladen werden, ist der kostenlose Speicherplatz auf 15 GB begrenzt. Wenn der nicht reicht, kann Speicherplatz dazugekauft werden.

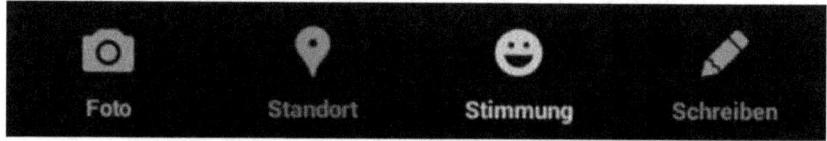

Das Teilen ist, wie auch in anderen sozialen Netzwerken, denkbar einfach. Auf Foto tippen, wer mag kann Standort und Stimmung mitteilen und natürlich auch etwas schreiben.
Auch wer Google+ sonst nicht nutzen möchte, bekommt eine Menge geboten. Die hochgeladenen Bilder lassen sich in Alben ordnen. Diese oder auch einzelne Bilder können Sie mit den Privatsphäre Optionen

- **Öffentlich** (wie der Name sagt, kann es jeder im Netz finden),
- **Eingeschränkt** (die Bilder sind nicht über die Suche auffindbar. Nur wem der Link bekannt ist, kann die Bilder sehen.),
- **Nur für mich**

speichern.

Ergänzend weise ich auf die Desktopanwendung Picasa, ebenfalls von Google, hin. Damit lassen sich die Bilder prima am Computer bearbeiten, verwalten und bequem zu Google+ hochladen. Das Programm funktioniert mit Windows ab XP aufwärts und auf allen Macs mit Intel-Prozessor.

Google+ ist für Android, iOS und WondowsPhone in den jeweiligen App-Shops erhältlich

Facebook, Twitter und andere soziale Netzwerke werden hier nicht näher beschrieben. Sie bieten uns Smartphone-Fotografen nicht genug Mehrwert. Es lassen sich auch in diese Netzwerke Bilder hochladen und teilen, aber das war es auch schon.
Fazit: *Instagram* ist eine Social-Media-App mit den vielen Bearbeitungsmöglichkeiten, allerdings nur im vorgeschriebenen reduzierten, quadratischen Format. Der Speicherplatz ist zwar unbegrenzt, doch auf das qualitativ mindere Format festgelegt.

Anders verhält es sich mit dem Bilderdienst *Google+ Foto*. Hier ist der Speicherplatz für kleinere Fotos unbegrenzt und das Format ist nicht vorgeschrieben. Nachdem Google die deutsche Softwareschmiede NIC aufgekauft hat, werden sich die Bildbearbeitungsmöglichkeiten von Google+ Foto sicher ständig weiterentwickeln.

Die *Flickr*-App ist schon wegen des riesigen Speicherplatzes von 1 TB interessant. Die Möglichkeiten dieser Fotocommunity sind zu vielseitig, um sie auf Handyfotografie zu reduzieren.

Kostenlose Kamera Apps

Analog zu den eingebauten Kameras entwickeln sich die dazugehörigen Tools ständig weiter. So können moderne Smartphones beispielsweise ein 360° Rundum-Panorama fotografieren oder haben die Möglichkeit von HDR-Fotografien. Auch manueller Weißabgleich, Belichtungskorrektur und optischer Bildstabilisator, gehören bei einigen Smartphones dazu. Doch manchen fehlt es an diesen Funktionen, die das richtige Kamerafeeling ausmachen. Sind Sie mit der Kamerafunktion Ihres Smartphones zufrieden, oder fehlen Ihnen die Einstellungsmöglichkeiten? Insbesondere iPhone-User loben zwar die Qualität der Linse, mokieren sich aber über die kaum vorhandenen Settings, welche eine „richtige" Kamera erst ausmachen.

Im Play- und im AppStore finden sich Kamera-Apps zu Hauf. Einige davon schicken sich an, die Kamera-App des Herstellers zu ersetzen, andere möchten interessante Zusatzoptionen bieten. Unter Kamera-Apps sind verstehe ich primär Apps welche bereits vor der Aufnahme die Möglichkeit zur optimalen Einstellung geben. Die Apps für die nachträgliche Bildbearbeitung werden in einem eigenen Kapitel vorgestellt.

Erfüllt Ihre Kamera-App die folgenden Mindestvoraussetzungen?

1. Besitzt sie einen Bildstabilisator? Von den **digitalen Versionen** kann man zwar keine Wunder erwarten, aber helfen tun sie trotzdem.
2. Serienbildfunktion ist einfach notwendig.
3. Ein Selbstauslöser ist zwar nicht so dringend notwendig wie die Serienbildfunktion, sollte aber dazu gehören.

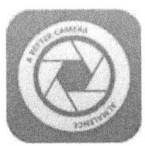

A Better Camera

Almalence ab Android 2.2

Diese Allzweck-Kamera ist momentan nur für Android erhältlich. Durch verschiedene einzelne Kamera-Apps wie *HDR-
Camera*, welche weiter unten gesondert vorgestellt wird, hat
sich der Entwickler *Almalence* bei den Android Usern einen
Namen gemacht. Als einzelne Kamera-Apps werden neben der
bereits erwähnten *HDR-Camera* noch die *Night-Camera* und
die *HD Panorama* angeboten. In *A Better Camera* wurden diese Einzelapps mit anderen Werkzeugen verbunden und in eine
App zusammengepackt. Herausgekommen ist dabei ein klei-
nes Wunderwerk.

Die Funktionen im Einzelnen

Schon in den Voreinstellungen gibt es diverse Optionen
- ISO-Einstellungen. Hier haben Sie die Möglichkeit, den
  Automatikmodus zu behalten, oder individuell zwischen
  100 bis maximal 1600 ISO zu wählen
- Autofokus
- Video
- Macro
- Norm
- Infinity schaltet den Autofokus aus, um entfernte Objek-
  te scharf zu stellen

- AF-Lock friert den momentanen Autofokus ein
- Continuous Picture, Serienbild
- Blitzmodus: On/Off, Auto und Taschenlampe (Torch)

HDR-Funktion

Die App **HDR-Camera** wurde integriert. Eine genauere Beschreibung finden Sie weiter unten.

Nachtmodus

Kennen Sie auch die Ausreden, wenn Sie Partyfotos Ihren Freunden vorstellen? „Entschuldige die schlechte Qualität." Die Fotos sind meist krisselig verrauscht, verwackelt und schlecht beleuchtet. Gerade Handykameras neigen bei schlechtem Licht zu einem viel zu starken Bildrauschen bis hin zur Unansehnlichkeit. Nachtmodus bzw. die einzeln erhältliche *Night-Camera* sollen hier Abhilfe schaffen.

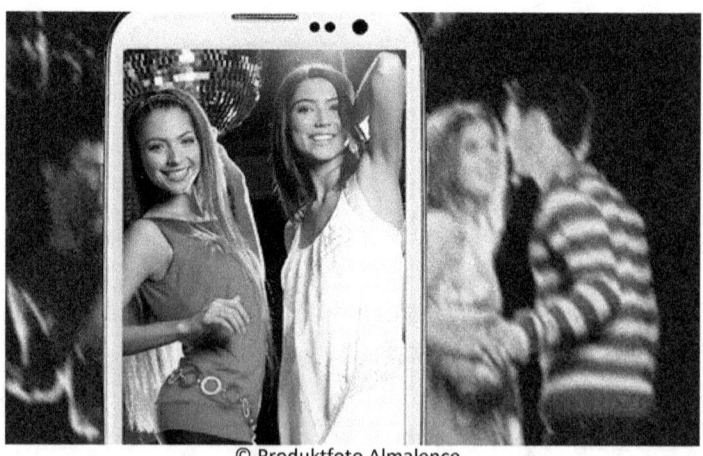

© Produktfoto Almalence

Almalence Inc. hat nach eigenen Angaben eine Technologie entwickelt, die einen speziellen Belichtungsmodus und eine Post-Processing-Software kombiniert. Die Stärke der Rauschunterdrückung und Entfernung der Geistereffekte lassen sich individuell einstellen.

Tatsächlich macht das Fotografieren in der Dämmerung und Dunkelheit richtig Spaß. Die Bilder gelingen wesentlich häufiger als im Standard-Modus. Schade ist allerdings, dass der Weißabgleich nicht immer die richtige Situation trifft. Ein Blaustich lässt sich nicht immer vermeiden. Übrigens: der Blitz ist in diesem Modus abgeschaltet.

Panorama

Panorama-Tools bis 180°, also einem Halbkreis, bieten die meisten Kameras von Haus aus. Die Panoramafunktion von dieser App packt da noch etwas oben drauf. Sie bietet Rundum-Panoramas bis 360° und bis zu 100 MP. Achten Sie darauf, dass genug Speicherplatz auf Ihrem Gerät vorhanden ist.

Panoramaaufnahmen gelingen mit dem Smartphone am besten im Hochformat. Auch sollten die jeweiligen Ansatzpunkte streng eingehalten werden, da sonst vom Panorama nur ein schmaler Streifen übrig bleibt. Diese App bietet Hilfslinien für die „erweiterte Realität". Doch liebe Leserin, lieber Leser, ich bin im Vollbesitz meiner geistigen Kräfte und nehme keine Drogen.

Die Hilfslinien der „erweiterten Realität" zeigen an, wie die Kamera ausgerichtet werden muss, um ein gutes Ergebnis zu erzielen. Bei Verwendung der erweiterten Realität ist es unmöglich, Einzelbilder aufzunehmen, die außerhalb der Panorama-Sichtlinie liegen.

Unter Berücksichtigung der unterschiedlichen Beleuchtung, Reproduktion des Dynamik-Umfangs und Minimierung der

Fehler durch sich bewegende Objekte werden die Bilder zu-sammengefügt.

Objekt removal

Die Funktion Objekt removal ist der nächste Hammer. Wenn Sie in diesem Modus fotografieren, und ihnen plötzlich ein Hund oder eine Katze durch das Motiv rennt, können Sie diese einfach wegwischen. Die Kamera hat das bewegliche Objekt erkannt.

Gruppenaufnahme

In diesem Modus gelingen Ihnen die besten Gruppenporträts. Durch die Serienbildaufnahme erstellen Sie zwischen 5 und 8 Einzelbilder mit einstellbaren Pausen von mindestens 0,25 und maximal 1 Sekunde. Spätestens dann sollte aber wirklich jeder der Gruppe mindestens einmal gelächelt haben. Die App vereint die Gesichter der Fotoserie auf einem Einzelbild und richtet diese automatisch aus.

Belichtungsreihe-Bracketing
Dieses Tool fotografiert eine Serie mit unterschiedlichen Be-lichtungszeiten, ähnlich wie bei HDR, allerdings ohne die Bil-der automatisch zusammenzuführen. Ich verwende immer 3 Belichtungszeiten, eine normale, eine mit längerer und eine mit kürzerer Belichtung. So kann ich später entscheiden, was archiviert und was gelöscht wird.

Sequenzaufnahme
Die Sequenzaufnahmen können mit Voreinstellungen steuern. Sie können pro Sequenz zwischen 5 bis 8 Einzelbilder mit ei-nem Abstand von mindestens 0,25 und maximal 1,0 Sekunden auswählen.

Voraufnahme

Mit diesem Werkzeug können Sie Bilder aufnehmen, bevor Sie den Auslöser gedrückt haben. Auch hier sind manuelle Einstellungen möglich. Maximal 10 Sekunden vorher können Sie aufnehmen.

Natürlich zeichnet A Better Camera auch Videos auf. Die App arbeitet sehr schnell und funktioniert nahezu einwandfrei. Bei Benutzung der Frontkamera gab es Aussetzer, zwar nur selten, aber einmal führte er sogar zum Systemabsturz. Es ist zu hoffen, dass dies vom Hersteller mit dem nächsten Update behoben wird.

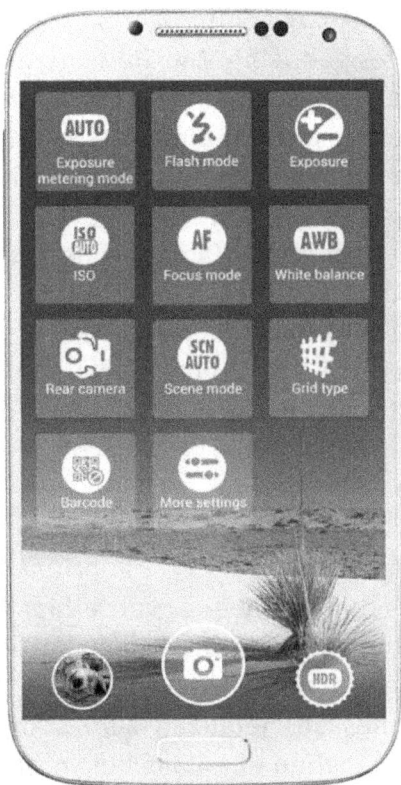

Bild: Almalence

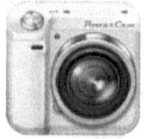

PowerCam

von Wondershare. Android ab 2.2 kostenlos. iOS 4.3 oder hö-
her, 1,79 €

Sicherlich eine der beliebtesten und umfangreichsten Kameras für Android, iPhone und bald auch für Windows-Phone. Sie hat es sogar zu der Auszeichnung "App Store Best of 2012" des Apple App Stores gebracht. Wie Sie sicher bemerkt haben, bieten alle Kamera-Apps auch eine nachträgliche Bildbearbeitung an. Ebenso können Sie aus einer Bearbeitungs-App direkt fotografieren. Doch eine Einordnung, ob es nun eine Kamera- oder Bearbeitungsapp ist, fällt bei PowerCam besonders schwer. Sie bietet neben der Kamera eine *Galerie, Bildbearbeitung, Kollagen* und das direkte *Teilen* in den sozialen Netzwerken. Aus diesem Grunde habe ich die Beschreibung für diese App auf zwei Artikel verteilt. Hier werden die Kamerafunktionen erklärt, im Kapitel *Bearbeiten* finden Sie die anderen Funktionen. Aber schauen wir uns diese mächtige App einmal genauer an.

Der Startbildschirm bietet die vier Hauptfunktionen an. Die sonst übliche Bezeichnung *Galerie* wurde hier *Fotoalbum* genannt. Ein Fingertipp auf *Fotografieren* und die Kamera ist geladen. In der oberen Leiste sehen wir zunächst das berühmte Häuschen, welches uns jederzeit zum Startbildschirm zurückbringt. Rechts daneben ebenfalls bekannte Icons für *Blitz* und *Wechsel zur Frontkamera*. Elegant gelöst ist auch die Zoomfunktion, das lästige Auseinanderziehen mit Daumen und Zeigefinger entfällt. So versperrt die Hand auch nicht die

Sicht auf das Bild. Im unteren Menü befindet sich ganz links eine *Bildminiatur* als Knopf für das Fotoalbum. Das Icon für die Einstellungen ruft das Auswahlmenü auf, welches Sie im dritten Screenshot sehen. Der mittlere Menüpunkt ist der *Auslöser*, rechts daneben ist ein *Zauberstab* zu sehen, und ganz rechts können Sie ein weiteres spannendes Menü aufrufen.

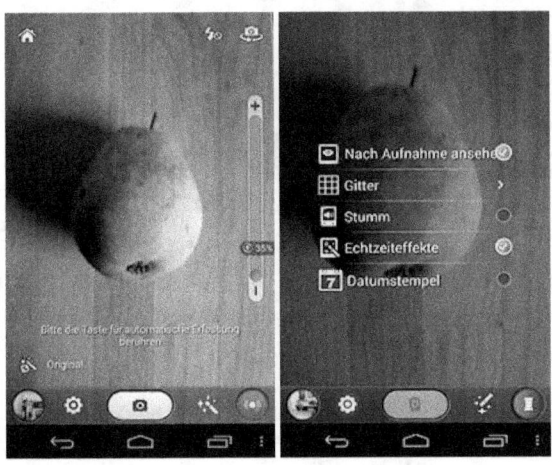

Der Punkt *Gitter* bietet zwei weitere Optionen an. Sie können zwischen „Goldener Schnitt" und „Moderner Schnitt" wählen. Zu sehen ist dann zwar kein Gitter, sondern, analog zu richtigen Kameras, Markierungskreuze. Sie bieten brauchbare Anhaltspunkte, auch um die Kamera gerade zu halten und vor dem Schuss den gewünschten Schnitt auszuwählen. Die Bildauflösung lässt sich nach vorgegebenen Stufen bis zur Höchstgrenze des jeweiligen Smartphones einstellen. Die Echtzeiteffekte sind ein weiteres nettes Detail. Bei eingeschalteten Echtzeiteffekten können Sie diese während einer Videoaufnahme wechseln. Auch wenn Sie eine Fotografie machen wollen, tippen Sie so oft auf diesen Punkt, bis das Bild mit dem richtigen Effekt auf dem Display erscheint. Dann brauchen Sie nur noch den Auslöser drücken.

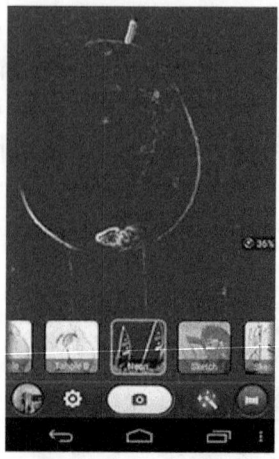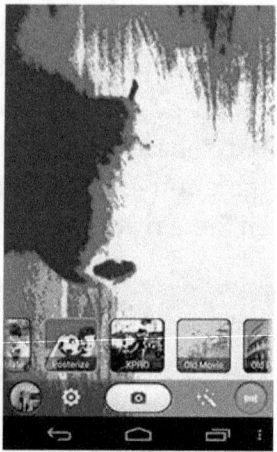

In diesem Beispiel wurden die Effekte Neon und Posterize benutzt. Von der zu fotografierten Birne ist im zweiten Bild nur mit etwas Fantasie zu erkennen. Insgesamt 36 Effekte lassen sich über dieses Tool einstellen.

Die weiteren Kameratools haben es auch in sich. So lässt sich *Anti-Shake*, also der Bildstabilisator ganz einfach dazu schalten. Der Selbstauslöser wird hier Zeitraffer genannt, und lässt sich mit *Smile-Shot*, der Gesichtserkennung, zusammenschalten. *Color Splash* ist eine Funktion aus der modernen Bildbearbeitung, doch hier schon vor der Aufnahme einstellbar. Mit *Color Splash* wird nur eine Farbe dargestellt, der Rest ist ein s/w-Foto.

Die Panoramafunktion ist nur maximal für einen Halbkreis, also 180°, vorgesehen. Das bieten aber auch die meisten Smartphones in ihrem Lieferumfang.

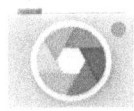

Google Camera

Erforderliche Androidversion variiert je nach Gerät

Das Besondere am Android-Betriebssystem ist seine Vielfalt. Daher liefert jeder mir bekannte Hersteller eine eigene Kamera-App mit dem Smartphone aus. Ausgenommen davon sind die Nexus- und einige Motorola-Geräte der jüngeren Generation, welche ein „nacktes" Betriebssystem (Stock-Android) besitzen. Dazu gehörte bisher auch die Android-Camera, welche sehr umständlich zu bedienen ist.

Im Laufe der Android 4.4 Updates wurde die Kamera aktualisiert, und heißt jetzt Google Camera. Diese App ist so gut gelungen, dass sie eine nähere Betrachtung verdient.

Neben den „normalen" Foto- und Videoaufnahmemodi bietet diese App zusätzlich alleine vier Optionen für Panoramaaufnahmen. Sie können zwischen vertikalen und horizontalen 360 Grad Panoramafotos wählen. Ein anderer Modus ermöglicht eine Panoramaaufnahme mit Weitwinkel, ein weiterer erstellt ein 180 Grad Fischaugenpanorama. Für die erwähnten Panoramamodi ist ein Gyroskopsensor notwendig.

Mich hat der Fokuseffekt besonders begeistert. In diesem Modus fokussieren sie per Fingertipp das Hauptmotiv. Dadurch wird eine Weichzeichnung des Hintergrundes (Blur oder Bokeh) wie bei einer Spiegelreflexkamera möglich.

Eine rundum gelungene Kamera-App. Die große Auslösertaste ist jedoch gewöhnungsbedürftig. Bei mir hat es anfangs häufiger „Klick" gemacht. Öfter als ich wollte.

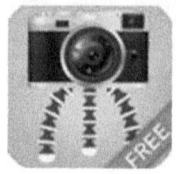

GorillaCam (iPhone)

Hersteller Jobi Inc., iOS 4.3 oder neuer. Basisversion kostenlos

Leider gibt es für das iPhone nicht sehr viele kostenlose Kamera-Apps und die Kamerasoftware in der Grundausstattung des Apfelphones hat reichlich Luft nach oben (Stand bis einschließlich 5s). Diese App ist eine sinnvolle Ergänzung zur installierten Apple-Kamera: digitale Bildstabilisierung, Selbstauslöser und Serienaufnahme. Bevor Sie kostenpflichtige Apps für das iPhone kaufen, sollten Sie zunächst GorillaCam ausprobieren.

Fazit: Solange einige Hersteller in der Kamerasoftware keine digitalen Bildstabilisatoren, Selbstauslöser und keine Serienaufnahmen bieten, ist eine Kameraapp für gute Smartphone - Fotos unabdingbar. Die hier vorgestellten Apps sind bedienungsfreundlich, besser als so manche Kamera und teilweise besser als die Herstellerkameras. Das Ausprobieren lohnt sich, zumal alle hier gelisteten Kameras kostenlos und werbefrei sind. Ich selber nutze *A better Camera*, *PowerCam* und *Google Camera* abwechselnd.

Spezialkameras

Die folgenden Kamera-Apps bestechen durch ihre Eigenarten und interessanten Zusatzfunktionen.

YouSpin (Lite)

Lite-Version kostenlos für Android und iOS. Pro-Version 0,73/0,99€

Mit dieser App können Sie semiprofessionelle 3D-Animationen erstellen. Die App bietet einige komfortable Modi, damit sie gute Ergebnisse erreichen. So können sie ein 360°-Selfie mit einfachen Mitteln erstellen:

- Sie montieren Ihr Smartphone auf ein Stativ, und richten es aus

-

- Sie wählen den Zeit-Automatikmodus (360 Autocapture)
- Nach jedem „Schuss" fordert Sie die App mit dem Kommando „turn" auf, etwa eine 1/10 Drehung zu vollziehen.

-

- Fertig, nun können Sie sich auf dem Smartphone stufenlos von allen Seiten betrachten. Einfach mit dem Finger hin und her wischen.

Hier ein Beispiel mit zwei Screenshots:

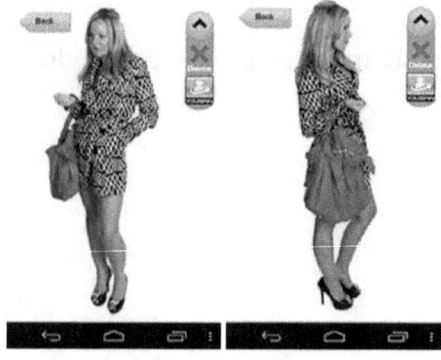

Screenshot © YouSpin 360°

Eine andere Möglichkeit ist die Produktfotografie. In diesem Fall umkreisen sie das Objekt. Sie können jeweils im Hoch- oder Querformat fotografieren. Das zusammengesetzte Bild ergibt wieder eine 360° 3D-Animation. Diese können Sie auf jede beliebige Website platzieren, Ihre Kunden können das Produkt von allen Seiten betrachten. Dabei spielt es keine Rolle, ob Sie einen Lippenstift oder eine Lokomotive verkaufen wollen.

Ob das Tool wirklich für professionelles Business taugt, wage ich nicht zu beurteilen. In jedem Fall macht es Spaß damit zu fotografieren und die verschiedenen Modi auszuprobieren.
Ich habe zwischen der Lite und der Pro-Version keinen Funkti- onsunterschied bemerkt. Wer mit der Werbung leben kann, dem sei die kostenlose Version empfohlen.

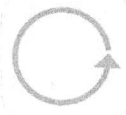

Cycloramic Essentials

Von Egos Ventures. iOS ab7.0, optimiert für iPhone5. 0,99€

Diese App wurde für das iPhone5 hergestellt und funktioniert entsprechend gut mit diesem Gerät. Da Apple an einer einheitliche Bauweise für eine ganze Smartphone-Generation festhält, wurde dieses kleine Wunderwerk möglich. Die meisten heutigen Smartphones sind so dünn in der Tiefe, dass man sie einfach nicht aufstellen kann. Das etwas dickere Design des iPhones wurde hier genutzt, um den Adapter zu sparen. Außerdem greift die App auf die Vibrationsfunktion des Telefons zurück, um ganz ohne äußerlichen Einfluss das Gerät zur Rotation zu bringen. Dabei nimmt es ein 360°-Panorama auf.

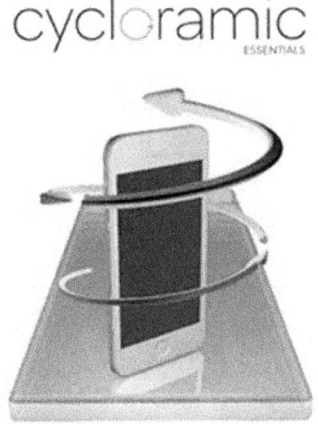

Create 360° Images
HANDSFREE

Sie stellen das iPhone aufrecht und ohne Hülle auf eine glatte, möglichst reibungsfreie Oberfläche und starten die App. Nach einem kurzen Countdown legt sie los, und nimmt selbstständig ein 360°-Panorama auf. Dabei dreht sich das Telefon selbstständig um die eigene Achse. Wenn die Runde vollendet ist, wird das Panorama-Video abgespeichert.

Optimal läuft die App mit iPhone 5 und 5s. Die Vorgängermodelle 4/4s sind weniger geeignet, da die Vibrationsfunktion eine andere Intensität besitzt.

Sie können sich nicht vorstellen ob und wie das funktioniert? Dann schauen Sie sich das YouTube-Video des Entwicklers an.

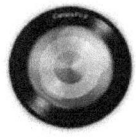

Camera FV-5 Lite

Android ab 2.2

Wenn Sie gerne mit einer digitalen Spiegelreflex fotografieren, werden Sie von dieser App für alle Androidgeräte begeistert sein. Beim ersten Aufruf nach der Installation gibt die App eine Kurzeinführung.

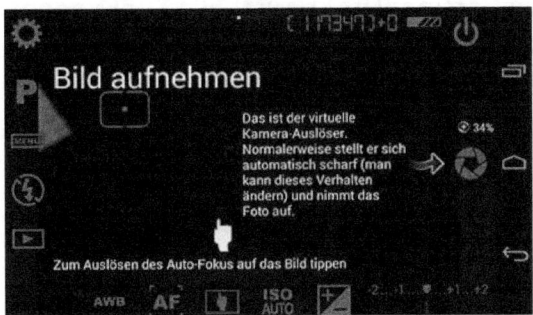

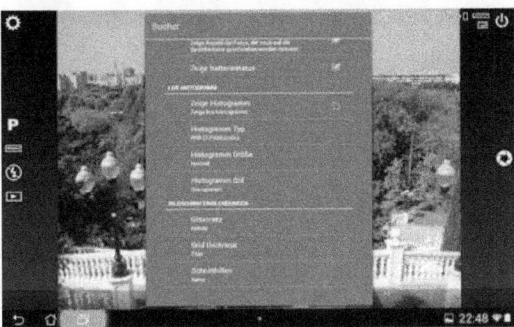

Doch nicht nur der erste Eindruck erinnert an eine DSLR, sondern auch die gute Übersichtlichkeit und die Vielzahl der Einstellungsmöglichkeiten. In der linken Menüleiste befindet sich das Einstellungsrädchen ganz oben. Im Untermenü befinden sich die *Kameraeinstellungen Bildauflösung, Ansicht, Fokus, Fokus, Auslöselautstärke, Anzeigedauer des letzten Fotos* etc. Das nächste Untermenü kümmert sich um die Bildeinstellungen, wie *Bildformat, Bildqualität* oder auch die *Metadaten*. Im dritten Untermenü können die Sucheroptionen gewählt werden. Hier können die Tasten belegt werden, Gitternetze oder Schnitthilfen eingeblendet oder der Batteriestatus angezeigt werden.

Unter dem Menüpunkt „*P*" befindet sich unter anderem die manuelle Belichtungssteuerung. Fokussierung, Weißabgleich, Sensorempfindlichkeit oder Belichtungszeiten, alles kann manuell eingestellt werden. Eine HDR-Funktion sucht man allerdings vergeblich.

Die kostenlose Version (Lite) besitzt alle Funktionen, allerdings ist die Bildgröße auf 640 x 480 Pixel eingeschränkt. Das reicht gerade mal für das Mäusekino auf dem Smartphone oder Facebook/Instagram. Die Pro-Version ist bei Google-Play für unter 3 Euro zu bekommen.

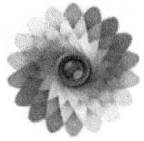

HDR Kamera

Amalance ab Android 2.2

Wenn Sie die App öffnen, werden Sie darüber staunen, dass Sie nur drei Knöpfe finden. Einen für die Einstellungen der HDR-Werte, einen anderen zum öffnen der Galerie, einen dritten als Auslöser. Doch die App „HDR Kamera" bietet alles für vollauflösende, hochwertige HDR-Bilder. Sie tippen irgendwo auf den Bildschirm und es werden fünf Bilder in unterschiedlichen Belichtungsstufen aufgenommen. Und das in einer erstaunlichen Geschwindigkeit. Ein Problem bilden bei der HDR-Fotografie bewegte Objekte. Dem Softwarehersteller ist es allerdings gelungen, diese zu erkennen und somit weitgehend einen „Ghosting-Effekt" zu verhindern. Die HDR Kamera ist sowohl einzeln als auch als Teil der A Better Camera App erhältlich.

Grundsätzlich muss bei einer HDR-Aufnahme die Kamera ruhig gehalten werden. Denken Sie daran, dass mehre Fotos in kurzer Reihenfolge geschossen werden die später „übereinander gelegt" werden. Die hier vorgestellte App macht fünf Aufnahmen. Beachten Sie, bei HDR-Aufnahmeprozeduren ist der „Blitz" ausgeschaltet.

Die Bildbearbeitung

Heute ist es kaum noch vorstellbar, dass noch vor gar nicht so langer Zeit Bilder in Dunkelkammern bearbeitet werden mussten. Die elektronische Bildbearbeitung stellte für die Profifotografen schon eine enorme Erleichterung dar, bevor die Digitalfotografie populär wurde. So begann die Entwicklung von Photoshop, dem unbestrittenen Marktführer und dem besten Bildbearbeitungsprogramm, bereits im Jahre 1987. Dieses Programm war für die Bearbeitung von Bildern vorgesehen, welche vorher mit einem Scanner digitalisiert worden waren.

Seitdem ist viel Zeit vergangen, die digitale Fotografie erreichte Profis genauso wie Endverbraucher und findet sich im Moment in der Massenbewegung der Handyfotografen wieder. Auch für die Bearbeitung in Smartphones gibt es inzwischen richtig gute Apps.

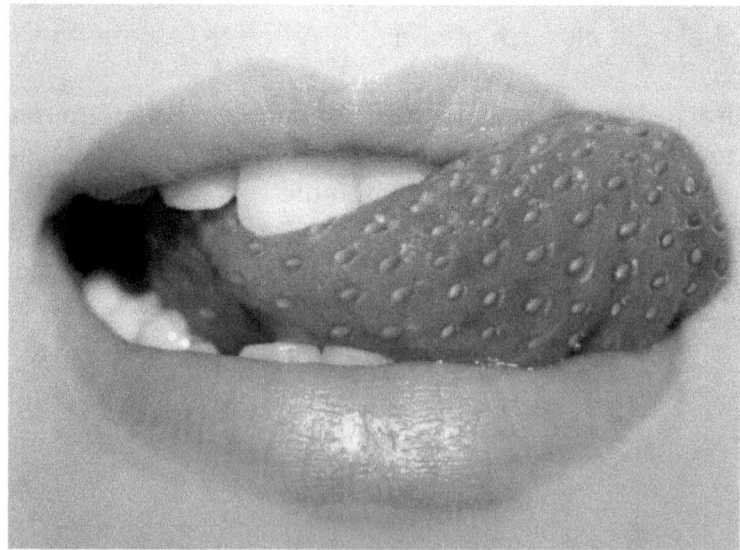

Bild: © Julia Weimar

Die besten Apps zur Bildbearbeitung

Snapseed

Nik Software Inc. Android ab 4, iOS ab 5

Snapseed ist ein weiteres Juwel in meiner App-Sammlung. Entwickelt wurde diese App von der renommierten deutschen Softwareschmiede Nik ursprünglich für das iPad. Nik hatte sich insbesondere als Entwickler für Adobe-Photoshop Plugins einen Namen gemacht und wurde im Herbst 2012 von Google aufgekauft. Und wenn wir schon beim kaufen sind, die App ist für Android und iOS kostenlos und werbefrei. Für iOS und Windows ist diese App nicht ganz so im Angebot, wie hier vorgestellt.

Inzwischen sind viele Snapseed-Elemente in anderen Google-Apps eingebaut, beispielsweise in Picasa oder Google+Fotos. Auch in das Betriebssystem Android 4.4 (KitKat) hält die Snapseed-Bildbearbeitungstechnologie Einzug. Grund genug, dieses kleine Wunderwerk einmal näher zu betrachten.

Die Basic-Werkezuge

Kaum geöffnet, fällt sofort die Benutzeroberfläche ins Auge. Einzigartig im wahrsten Sinne des Wortes. Anstatt sich durch unendlich viele Einstellungsknöpfe hindurch zu tippen, braucht einfach nur ein Werkzeug gewählt werden, um anschließend mit Wischgesten verschiedene Effekte detailgenau anzupassen. Die 15 Werkzeuge verbergen jeweils weitere Menüpunkte, damit lässt sich auch der Umfang von immerhin 25 MB erklären.

Während Gänse, Enten und Möwen auf die Autofähre warten, wollen wir das Bild bearbeiten.

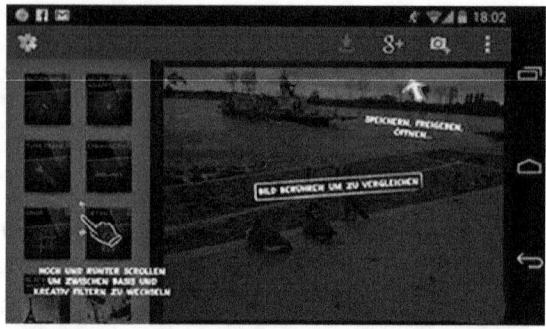

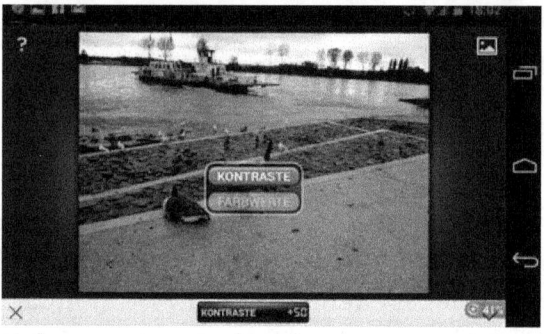

Im Auswahlmenü oben rechts wird u. a. *Hilfe einblenden* angeboten. Sehr deutlich werden jetzt kontextbezogen kurze Hinweise gegeben. Diese Hilfe kann nun immer mit dem Fragezeichen links oben aufgerufen werden. Zunächst benutze ich den ersten Punkt: *Automatic*. Die Automatik des Filters analysiert das Bild und entfernt auch mögliche Farbstiche. Da die LED-Blitze der Smartphones häufig einen leichten Blaustich verursachen, ist so eine Automatik viel wert.

Doch damit nicht genug, innerhalb dieses Filters lassen sich noch Kontrast und Farbwerte individuell steuern. Die Steuer-

elemente erscheinen mitten auf dem Display, vielleicht gewöhnungsbedürftig, aber mit hohem Spaßfaktor. Den Kontrast setze ich auf +77, den Farbwert auf +-0, anschließend mit
Straighten gerade ausgerichtet.

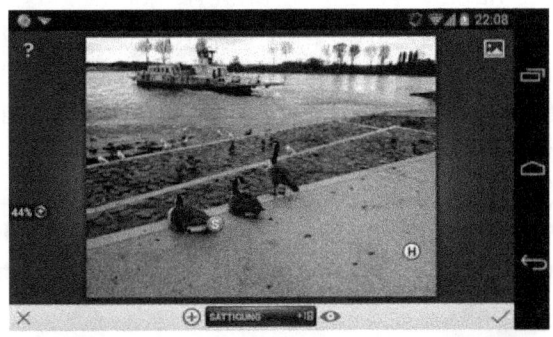

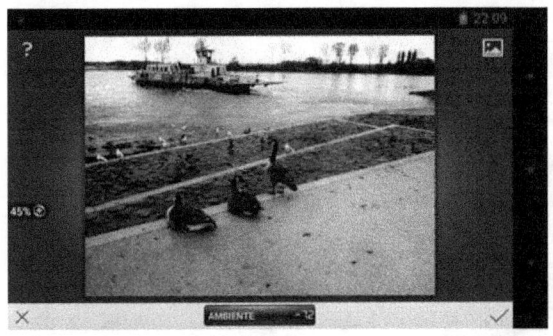

Doch damit nicht genug, ich habe mit ein paar Fingertipps die
etwas schattige Ecke rechts unten aufgehellt (H +27) und den
Bereich um die Gänse auf der oberen Stufe mit etwas mehr
Farbsättigung (S+18) versehen. Dies kann ich in dem Filter
Selective Adjust, also selektive Anpassung vornehmen. Durch
einfaches Tippen können Sie Kontrollpunkte für Helligkeit,
Sättigung oder Kontrast setzen und durch Wischgesten verstärken oder verringern. „Möglich wird dies durch die *paten-
tierte U-Technologie"* so der Hersteller.
Im nächsten Basicfilter Tune Image, also der Feinabstimmung,
gibt es Einstellungsmöglichkeiten für *Helligkeit, Ambiente,
Kontrast, Sättigung* und *Weißabgleich*. Bei *Ambiente* handelt
es sich bei dieser App um die Steuerung der Lichtbalance ei-

nes Bildes. Es können entweder die hellen oder die dunklen Elemente durch Kontraste stärker betont werden. Bei meinem Gänsefoto habe ich den Wert -72 eingestellt, der linke Bereich wurde dadurch leicht abgedunkelt und kontrastreicher. Die anderen Werte habe ich nicht verändert.

Nun fehlt noch das Werkzeug für die Details. Hier gibt es die Optionen Schärfen und Struktur. Außerdem kann noch auf die *Lupe* getippt werden. Mit der *Lupe* können Sie Details in der 100% Ansicht überprüfen. Das Gänsebild wurde mit Struktur von +80 versehen. Dadurch wirkt das Wasser klarer, andere Elemente im Bild werden detaillierter. Da ich das Bild nicht beschneiden möchte (Crop), sind alle gewünschten Basic-Werkzeuge benutzt.

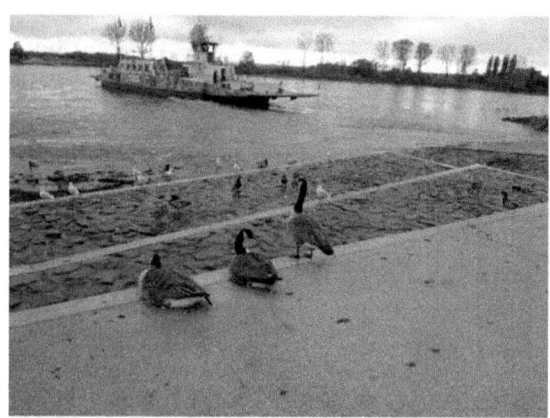

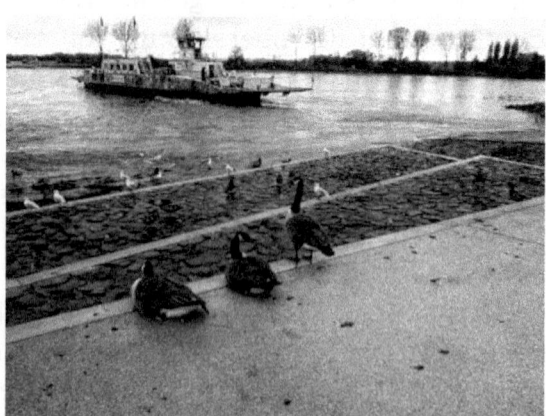

Vorher das Original, nachher mit den Snapseed-Basics bearbeitet.

Die Kreativ-Werkzeuge

Es wird Sie nicht überraschen, dass diese App nicht nur vor-
eingestellte Kreativ-Filter zu bieten hat, sondern mit jedem
der acht Werkzeuge verschiedene individuelle Einstellungen
möglich sind.

Schon im *Schwarz-weiß-Filter* werden sechs Voreinstellungen
angeboten. Wenn Sie sich für eine entschieden haben, können
Sie mit weiteren Steuerelementen die Feinabstimmung vornehmen.
Neben den üblichen Items *Helligkeit/Kontrast* bietet Snapseed
einen Farbfilter. Wie bitte? Bei s/w-Bildern einen Farbfilter?
Ja! Dieses Tool simuliert einen Farbfilter über dem Objektiv.
Die jeweilige Filterfarbe sorgt dafür, dass diese im s/w-Bild
heller wirkt. Diese Methode wird in der professionellen Fotografie und Bildbearbeitung für monochrome Bilder standardmäßig angewandt. Sie führt zu lebendigeren Abbildungen.
Wenn Sie jetzt das Bild noch nostalgischer gestalten möchten,
fügen Sie Ihrem Bild eine grobe Körnung hinzu. Die Simulation
eines grobkörnigen Films hat jedoch ihre Tücken. Begutachten
Sie Ihr Bild kritisch. Hat diese Methode den gewünschten Effekt?

Der **Vintage**- Filter lässt Ihre Bilder alt aussehen. Sie wählen
aus neun Stilen und sechs Texturen. Helligkeit, Sättigung und
die Intensität der Vignettierung können mit Wischgesten indi-
vidualisiert werden.

Bei Landschaftsaufnahmen ist der **Drama**-Filter häufig sinn-
voll. Zunächst wird aus dem PopUp-Menü ein Stil ausgewählt,
Intensität und *Sättigung* sind durch Wischen einstellbar. Das
Bild wird dadurch klarer, der bei Smartphone-Aufnahmen
häufige „Milchglaseffekt" wird verrringert.

HDR – endlich ein *HDR-Filter* mit unterschiedlichen Möglichkeiten. Ich kann zwischen den Optionen *Natur, Personen, Fein* oder *Stark* wählen. Zusätzlich kann die Stärke des Filters individuell bestimmt werden. Durch diese Vielseitigkeit ist dieser Filter wirklich brauchbar, auch wenn keine Wunder erwartet werden dürfen.

Grunge ist wohl der rockigste Filter. Dem Bild wird eine willkürliche Textur zugefügt, und sämtliche Farben werden verändert. Die Fokussierung wird mit dem Zweifingersystem auf dem Display vergrößert, verkleinert, oder mit dem Steuerelement verschoben.

Mit **Centerfokus** können Sie bestimmen, was scharf oder unscharf auf dem Bild sein soll. In der professionellen Fotografie ist es Standard. Schauen Sie sich doch einmal Zeitungsbilder vom letzten Fußballspiel Ihres Lieblingsvereins an. Nun bilden Sie sich einfach ein, dass der Bildhintergrund genauso scharf wäre wie der aktive Spieler. Das Bild wäre unerträglich. Mit diesem Filter können Sie an beliebigen Stellen im Bild Unschärfen setzen.

Tilt-Shift hat bei Snapseed einen eigenen Menüpunkt, obwohl dieser Effekt auch mit anderen Werkzeugen dieser App möglich wäre. Wie nicht anders zu erwarten, ist auch dieser Filter komfortabel und vielseitig. Besonderen Wert haben die Entwickler hier auf die Übergänge vom Schärfe- zum Unschärfebereich gelegt. Da auch noch Helligkeit, Sättigung und Kontrast eingestellt werden können, ist die Produktion von Tilt-Shift-Bildern keine Zauberei.

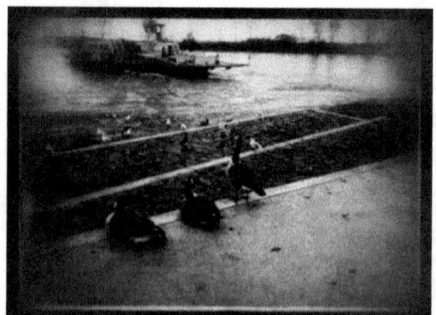

Das Bild wurde mit dem Grunge-Filter und einem Rahmen versehen

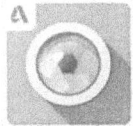

Pixlr Express

Autodesk Inc. Android ab 2.2, iOS 6.0 oder höher

Diese kostenlose App, für Android und iPhone, besticht ebenfalls durch leichte Bedienung und einem riesigen Funktionsumfang von über 600 Bearbeitungsmöglichkeiten. Zunächst
wird die Rumpf-App von nur 5,6 MB heruntergeladen. Doch
richtig Spaß macht es erst mit den nicht vorinstallierten Pake-
ten.

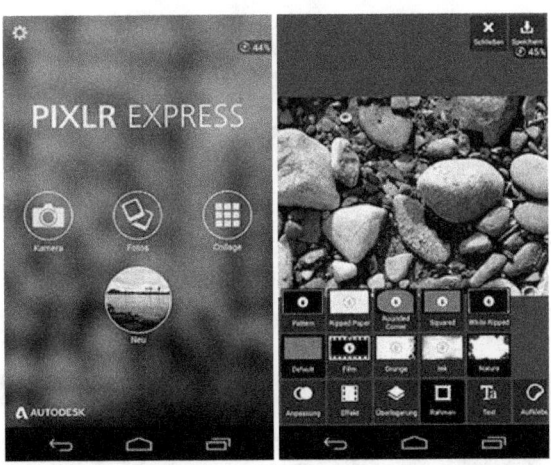

Der Startbildschirm bietet die Möglichkeit ein Foto mit einer
der installierten Kameras aufzunehmen, den Aufruf eines Al-
bums, einer Collage oder das letzte Foto aufzurufen(Neu).
Wie auf dem Screenshot mit den Steinen zu sehen ist, sind nur
zwei der zehn Rahmenpakete installiert. Die anderen Buttons
haben in der Mitte einen kleinen Kreis mit dem Download-
Symbol. Mit dem einmaligen kostenlosen Download bekom-

men Sie jeweils ein Paket mit mehreren Optionen. So gibt es beispielsweise mit dem Rahmenpaket *Ink 32* unterschiedliche Rahmen. Da diese nicht gleichmäßig sind, können noch mehr unterschiedliche Effekte durch Drehen, und vertikal oder horizontal Vertauschen, erzeugt werden. Die Stärke des Rahmens lässt sich mit einem Schieberegler aussteuern.

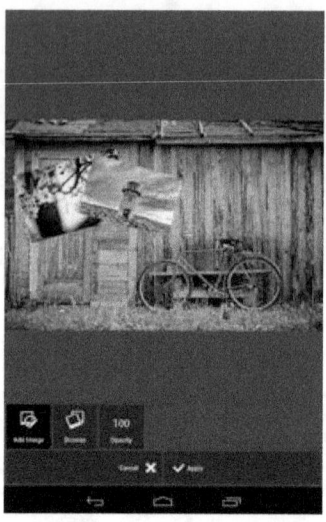

Kleiner Tipp: Wenn Sie das Programm vollständig nutzen wollen, sollten Sie um Geld, Zeit und Nerven zu sparen die Pakete mit einer schnellen, stabilen Internetverbindung über WLAN herunterladen.

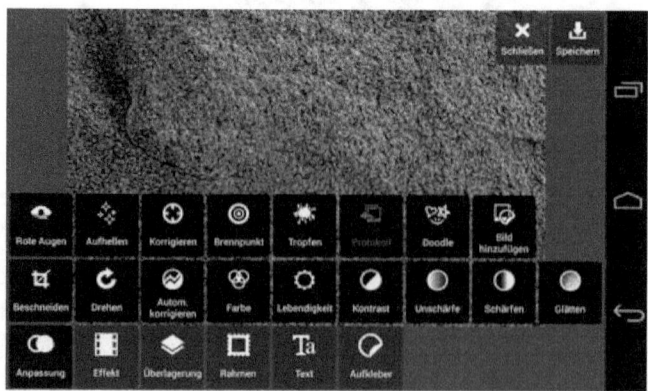

Die **Basics** sind bei Pixlr Express unter dem Punkt *Anpassung* zu finden. Neben den üblichen Einstellungsmöglichkeiten wird hier auch ein *Rote-Augen-Tool* angeboten. Auf die Mitte des betroffenen Auges tippen, und über den Schieberegler die Toleranz einstellen. Unter dem *Menüpunkt Farbe* lässt sich Farbton, Sättigung und Helligkeit steuern. Die Dynamik heißt hier Lebendigkeit. Doch die Punkte *Doodle* und *Bild hinzufügen* habe ich keines Falls bei den Basics vermutet. Mit *Doodle* können Sie mit dem Finger auf das Bild malen, wie zum Beispiel Herzchen oder Sternchen. Diese Symbole sind sogar auf dem Doodle-Button abgebildet. Eine weitere Überraschung ist die *Bild hinzufügen*-Funktion. Überlagern Sie das Ursprungsbild mit einem anderen, und steuern Sie die Deckkraft aus. Bei 100% Deckkraft sehen Sie natürlich nur das neue Bild.

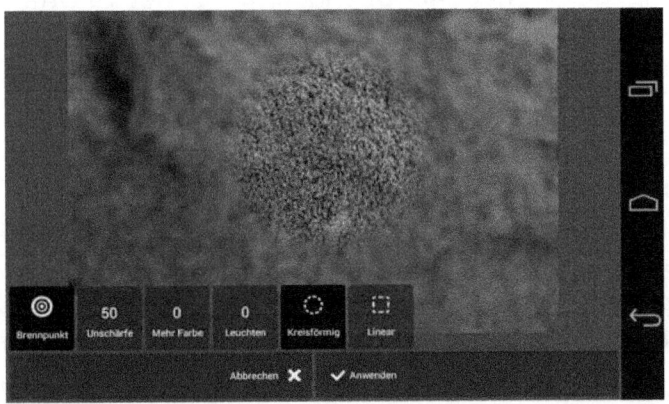

Sehr gut gefällt mir die *Brennpunkt*-Funktion. Da die Unschärfe, aber auch die Farbe und das Leuchten im Schärfebereich geregelt werden können, sind mit ein wenig Übung auch Tilt-Shift Effekte möglich. Es ist mit diesem Werkzeug nicht ganz einfach, den Übergang zwischen Schärfe und Unschärfe, ohne sichtbare Ränder zu gestalten.

Bei Pixlr Express wird übrigens nicht durch Wischen, sondern mit einem Regler gesteuert. Wenn es schnell gehen soll, bieten viele Apps, so auch diese, das automatische Korrigieren an. Bei meinen Tests mit Pixlr Express führten diese auch zu befriedigenden Ergebnissen. Automatisches Korrigieren probiere ich immer mal wieder aus, nach kritischer Betrachtung verwerfe ich aber die Ergebnisse meistens wieder.

Natürlich dürfen sie auch hier nicht fehlen, die **Effekte**. Sieben Pakete bietet diese App, jedes mit weiteren Effekten. Die Deckkraft kann mit dem Knopf *Ausblenden* verringert werden. Besonders gefallen hat mir der *Creative-Ordner*. Mit den 13 Möglichkeiten, die teilweise an Andy Warhol erinnern, macht das Ausprobieren richtig Spaß.

Überlagerung: Wer bei den bisherigen Apps noch nicht genügend Spaß-Werkzeuge gefunden hat, ist bei Pixlr Express genau richtig. Der Menüpunkt *Überlagerung* bietet 19 Ordner, in jedem sind gefühlte unzählige Möglichkeiten. Jeder dieser Effekte kann durch Ausblenden in der Deckkraft verringert werden. Auch das Drehen, vertikal, horizontal oder in 90-Grad-Schritten ist möglich.

Die Nachtaufnahme, also das Original, wurde mit zwei Überlagerungen versehen. Das Feuerwerkelement in diesem Bild ist eine Überlagerung aus Pixlr Express, zu finden unter *Fireworks>Fever*. Anschließend habe ich dem Bild noch *Default>Burn* zugewiesen. *Burn* hat die Farbverläufe ins Bild gebracht. Die Kirche Groß St. Martin im linken Bildbereich strahlt auch real in gelblichen Tönen, welche hier aufgehellt wurden. Der Dom ist auf dem Originalbild, wie auch in der Realität, grau. Der in Rottönen eingefärbte Dom, und die Abdunkelung des rechten Bildbereichs verstärken den Feuerwerkeffekt. Doch es ist alles Lüge, eine wunderschöne, optische Täuschung. Aber alles kein Teufelswerk internationaler Photoshop-Künstler, einfach nur Pixlr Express mit zwei Überlagerungen.

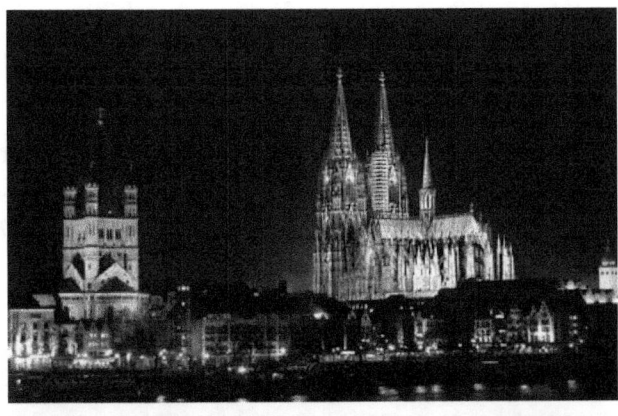

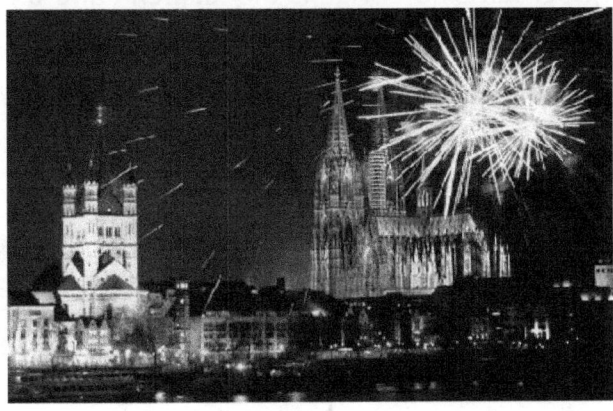

Alleine unter Fireworks gibt es bei Pixlr Express 20 Auswahl-möglichkeiten. Alle Überlagerungen lassen sich miteinander kombinieren. Auch die anderen Überlagerungen animieren zum Ausprobieren.

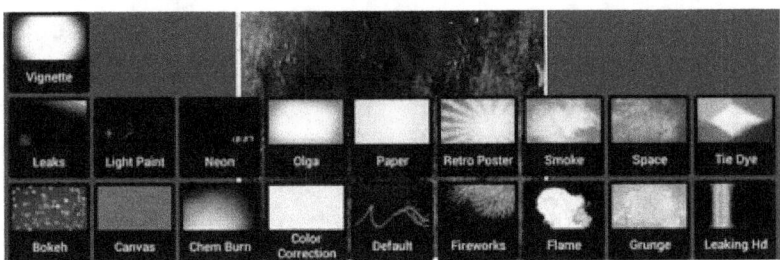

Im nächsten Menüpunkt finden Sie die obligatorischen Rahmen in einer überwältigenden Auswahl.

Text ist bei Postkarten-Apps normal, aber bei einer Bildbearbeitungs-App nicht immer dabei. Auch hier, wie in dieser App üblich, sind die Ordner übersichtlich beschriftet. Sie können unter anderem zwischen serifen- und serifenlosen Schriften wählen. Serifenschriften kennen Sie vermutlich aus Ihrer Tageszeitung. Die bekanntesten sind Times, Times New Roman und Helvetica; Arial oder Calibri sind serifenlose Schriften (Sans Serif). Serifen sind übrigens die kleinen Füße und Häkchen an den Buchstaben.

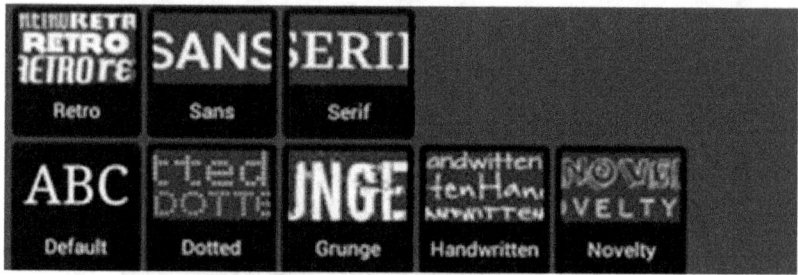

Unter Default sind Schriften beider Kategorien vorhanden. Daneben sind noch interessante weitere Schriften zu finden, wie *Retro, Grunge*, die Simulation von Handschriften oder gepunktet *(Dotted)* wie aus einem Nadeldrucker. Wer unter *Novelty* tatsächlich Neuheiten vermutet, wird enttäuscht. Doch in jedem Fall sind unter diesem Menüpunkt über 25 teils sehr ausgefallene Schriften zu finden. Überhaupt ist es sehr erstaunlich, welche Riesenauswahl sich unter diesen sieben Ordnern verbirgt.

Die Schriften lassen sich mit dem Finger auf dem Bild platzieren und drehen. Mit Daumen und Zeigefinger wird die Schriftgröße angepasst, für Schriftfarbe und Ausrichtung gibt es eigene Menüpunkte.

Wenn Sie jetzt der Meinung sind, dass mit diesen Features sich doch ganz tolle Grußkarten erstellen lassen, liegen Sie richtig. Doch Pixlr Express setzt noch einen drauf.

Aufkleber. Vielleicht sind Sie jetzt ähnlich verwundert wie ich, werden doch in der App häufig englische Begriffe verwandt, wurde der Begriff *Sticker* übersetzt. Dass auch die Entwickler dieser App den Schalk im Nacken haben, wird unter anderem im Ordner *Accessoires* deutlich. Setzen Sie doch einfach einer Person den Heiligenschein auf und verschönern sie mit anderen Elementen.

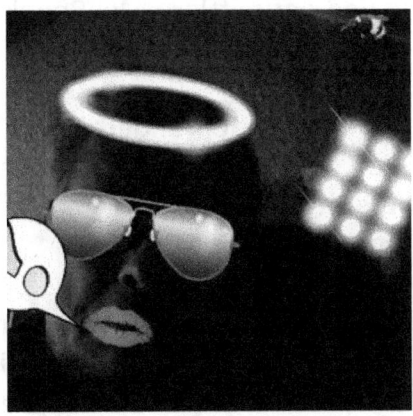

Photo Editor
Dev.mcgyver

Der Entwickler mit dem Namen des bekannten TV-Serientüftlers hat ebenfalls einen kostenlosen Premium-Editor als Android-App auf den Markt gebracht. Wenn diese App geöffnet wird, fallen zunächst zwei Dinge auf. Die suboptimal platzierte Werbung und der mittlere Menüpunkt *Stapelverarbeitung*.

Eine solche Funktion ist bei den anderen hier vorgestellten Apps nicht vorhanden. Dieses Werkzeug aus der professionellen Bildbearbeitung ermöglicht uns, mehrere Bilder in einem Schritt zu bearbeiten.

Ein Beispiel gefällig? Sie haben eine Reihe Bilder ihres letzten Strandbesuches. Bei genauer Betrachtung fällt die Überbelichtung und fehlende Dynamik bei fast allen Bildern auf. Hier schafft die Stapelverarbeitung schnelle Abhilfe. Sie wählen den Menüpunkt *Stapelverarbeitung* und werden aufgefordert, Bilder hinzuzufügen. Wenn die Bilder geladen sind, beginnt die eigentliche Bearbeitung. Korrigieren Sie Belichtung und Dynamik des ersten Bildes, und wenden Sie diese Korrektur auf die anderen geladenen Bilder in der Stapelverarbeitung an. Die App weist jetzt die Werte des ersten Bildes den anderen Bildern zu. So haben Sie mit einem Schlag beliebig viele Bilder bearbeitet.

Doch diese zunächst spartanisch wirkende App hat noch einige Überraschungen zu bieten. So lassen sich die Farbkurven von Rot, Grün und Blau einzeln oder gruppiert verändern. Doch vorher sollten Sie unter dem Menüpunkt *Farbe* überprüfen, ob Ihnen Farbton und Sättigung zusagen.

Auch *Rotation* und *Begradigung* sind als Menüpunkt zu finden. Als Hilfe für die Begradigung wird ein Gitternetz eingeblendet. Bei arger Schieflage wird zunächst über den Schieberegler das Bild ausgerichtet. Die Feinabstimmung befindet sich links und rechts davon. Mit Fingertipps auf den jeweiligen Button justieren Sie das Bild in 0,1°-Schritten, bis es passt. Zusammen mit dem Gitternetz erinnert diese Funktion schon sehr an teure Bildbearbeitungsprogramme.

Ist Ihnen das alles zu kompliziert? Wollen Sie es eine Portion einfacher? Na gut, dann klicken Sie auf den Menüpunkt *Effekte*. Hier geht dem 1-Fingertipp-Bildbearbeiter das Herz auf, jedenfalls bei *Auto Farbton* und *Auto Kontrast*. Die anderen der fast 30 Effekte schlagen einen Wert vor, welcher dann per Schieberegler angepasst werden kann. Neben den üblichen Effekten wie *Lomo, Sepia* oder *Überlagern*, finden wir hier noch sehr außergewöhnliche Möglichkeiten. So kann eine *intelligente Unschärfe* eingestellt, Farben vertauscht, eine Skizze oder ein Ölgemälde produziert werden.

Unter *Effekt II* können Sie Ihr Bild sowohl vertikal als auch horizontal spiegeln. Wenn der Vordergrund links im Bild platziert ist, wirkt er näher, als wenn er rechts zu sehen ist. Probieren Sie diese optische Manipulation mit der horizontalen Spiegelung einmal aus. Und wenn Sie schon dabei sind, probieren Sie doch auch gleich die *Spiegellinien*. Mit der horizontalen Spiegellinie können Sie sehr schön Gebäude verändern, die vertikale Spiegellinie bietet sich eher bei Landschaftsaufnahmen an. Ähnlich der vertikalen Spiegellinie ist der Effekt *Reflexion*. Das Bild wird halbiert und dabei der untere Bereich mit verminderter Deckkraft gespiegelt. Weitere Verformungseffekte sind *Strecken*, das Bild kann in die Breite gezogen oder

zusammengeschoben werden. Auch die Ecken können individuell abgerundet werden.

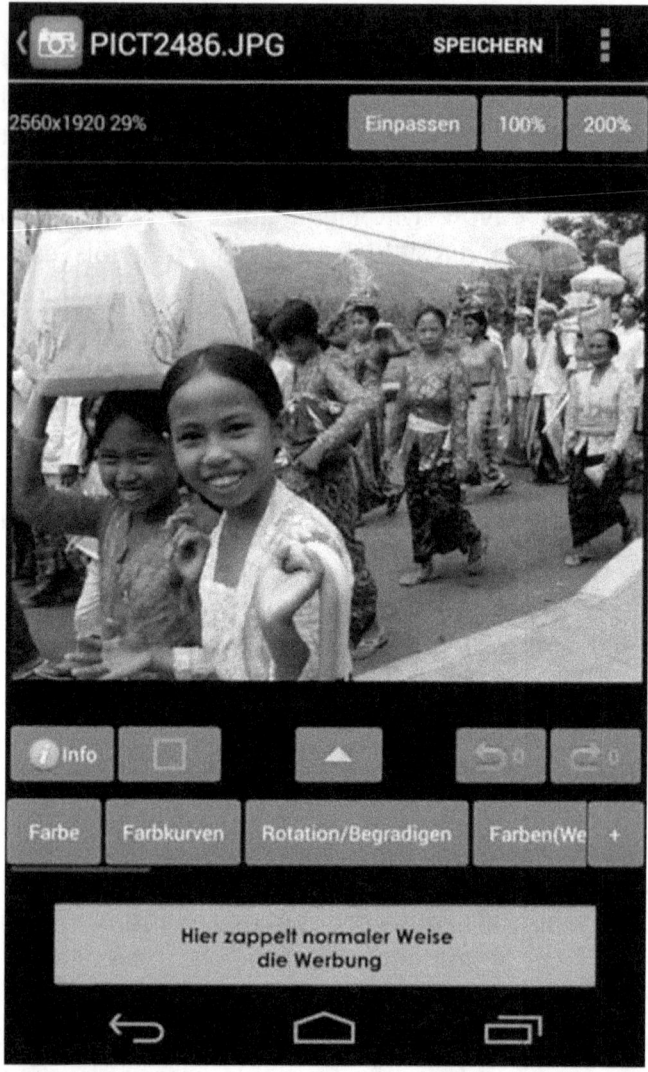

Natürlich dürfen die *Rahmen* nicht fehlen. Auch hier finden Sie
ungewöhnliche Formen, wie Holz, Stahlrohr oder Fotoecken.
Diese lassen sich jeweils in der Stärke anpassen.
Unter dem Punkt *Korrektur* finden wir die Unterpunkte *Farbtemperatur, Weißabgleich, Gegenlicht, Rote Augen* und *Auf-*

hellen. Mit *Farbtemperatur* und *Weißabgleich* können Sie nachträglich mögliche Farbstiche mindern oder entfernen. Bei *Gegenlicht* können die dunklen Bereiche aufgehellt werden. Die Punkte *Rote Augen* und *Aufhellen* erklären sich selber. Mit dem Werkzeug *Perspektive* lässt sich das Bild nahezu beliebig transformieren. Dafür gibt es Anfasspunkte an allen vier Ecken ebenso wie in der Bildmitte.

Einer der wichtigsten Punkte aller Bildbearbeitungssoftwares für Smartphones ist die Funktion für das *Entrauschen.* In dieser App wird ein Mittelwert errechnet. Ist dieser ausgewählt, lassen sich die Maskengröße und die Form bestimmen.

Unter dem Punkt *Beschneiden* (frei) kann das Bild selbstverständlich frei beschnitten werden. Aber dahinter versteckt sich noch eine Menge mehr. Angeboten werden zunächst eine *Ellipsen-* und eine *Rechteckform.* Hinter einem weiteren Punkt verbergen sich ergänzende elf Formvorschläge, wie *Stern, Herzchen, Pfeil* oder *Trapez.* Abschließend kann die Kante verbessert werden.

Unter *Klonen* können bestimmte Bildbereiche kopiert und an einer beliebigen Stelle wieder eingeführt werden. So können Sie einem Haus ein zusätzliches Fenster gönnen oder mit einem einsamen Schaf eine ganze Herde auf die Wiese kopieren.
Die Funktion *Text/Bild* ermöglicht, wie der Name sagt, das Einfügen von Text und Bildern. Eine schöne Sache z. B. für Grußkarten.
Weitere Funktionen sind *Zeichnen, Beschneiden* so wie *Größenänderung /Einpassen.*

Fazit

Mit diesen drei Apps können Sie das Beste aus Ihren Smartphone-Fotos herausholen. Ich benutze alle drei, bei manchen Bildern, nebeneinander. Nicht nur ich halte diese drei ausgewählten Perlen für die besten auf dem App-Markt. Trotz allem werde ich hier weitere Bearbeitungs-Apps vorstellen, wenn diese auch entweder einfacher gehalten oder spezialisiert sind.

*Für **Post- und Grußkarten** stelle ich noch weitere zweckentsprechende Apps in einem eigenen Kapitel vor.*

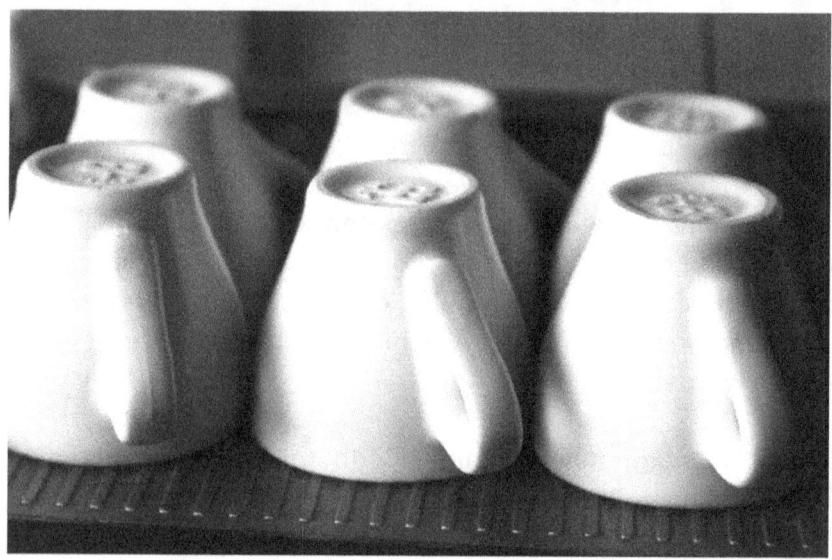

Weitere Bildbearbeitungen

Photoshop Express

von Adobe, Android ab 4.0, iPhone 3GS oder höher und Windows 8 Tablet

Adobe-Photoshop ist für Fotografen, Bildproduzenten- und Redakteure sowie andere Medienmacher weltweit die Nummer eins. Wer jetzt eine Software wie Photoshop Extended im Miniformat erwartet, wird bitter enttäuscht werden. Natürlich kann ein so umfangreiches, teures Programm nicht in eine App gequetscht werden. Soll es auch gar nicht. Seit 2008 verfolgt Adobe den Trend, Bilder schnell online zur Verfügung zu stellen. Folgerichtig ist auch eine App für das Smartphone erhältlich. Diese App können Sie aus dem App-Store Ihres Vertrauens kostenlos herunterladen.

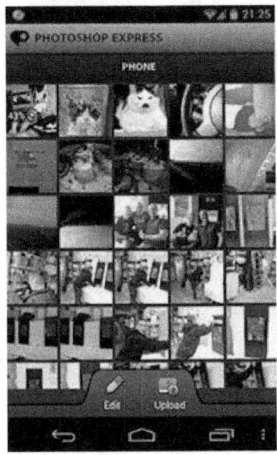 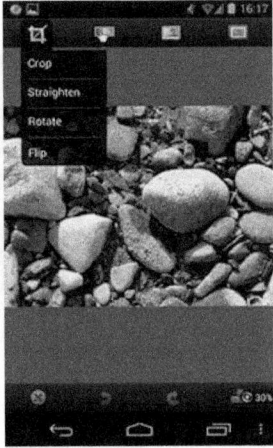

Step by Step:

Nach dem Startbildschirm öffnet sich das Album. Den Knopf „Upload" berücksichtigen wir hier nicht weiter, denn das Teilen in sozialen Netzwerken oder das Hochladen in die Cloud wurde schon zur Genüge behandelt. Da bleibt uns noch der „Edit"-Knopf mit dem Bleistift, anschließend geht der Finger auf das Bild, welches bearbeitet werden soll. Auf den nächsten Screen tippe ich auf das *Ausschneiden*-Symbol, hier bietet mir die App vier weitere Optionen an.

- *Crop:* Mit dieser Option kann das Bild beschnitten werden.
- *Straighten:* Hiermit kann das Bild ausgerichtet werden.
- *Rotate:* Das Bild kann in 90 Grad-Schritten gedreht werden.
- *Flip:* Mit einem Wisch kann das Bild spiegelverkehrt dargestellt werden. Egal ob vertikal oder horizontal

Nachdem diese Sachen klargestellt sind, geht es munter weiter

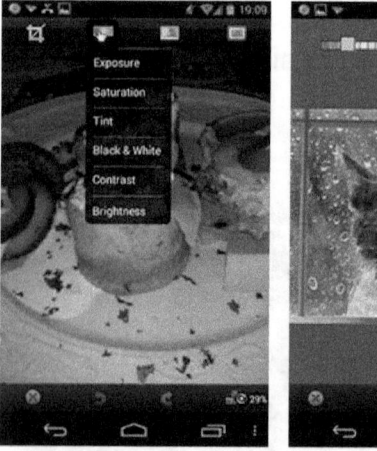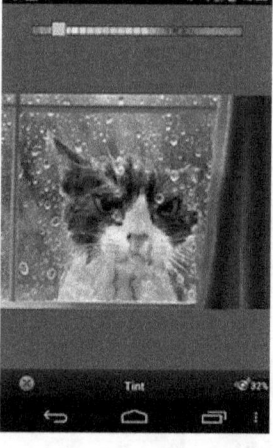

- Wenn *Exposure* gewählt ist, kann die Belichtung eingestellt werden. Einfach mit dem Finger über das Bild wischen.

- *Saturation*: Mit der gleichen Methode kann die Farbsättigung korrigiert werden.
- *Tint:* Das Bild wird mit einer Farbtransparenz überzogen. Die Farbtabelle befindet sich oben im Display. Die Palette reicht von schick bis kitschig.
- *Kontrast und Helligkeit* werden mit den letzten beiden Punkten des Aufklappmenüs ebenfalls mit der Wischmethode eingestellt.
- Der dritte Punkt im Topmenü ist für den *Softfokus* bestimmt. Wischen Sie mit dem Finger über das Bild und beobachten Sie, wie Teile oder das ganze Bild weichgezeichnet werden.
- Zu guter Letzt: Im oberen Menü ganz rechts, geht es um 10 Effekte und über ein halbes Dutzend, teils sehr ausgefallener Rahmen.
- „*One Touch*"-Funktion. Mit einem Fingertipp wird das Bild korrigiert.

Mehr bietet Adobe als Photoshop Express für Smartphones tatsächlich nicht an. Die wenigen Features dieser App sind intuitiv zu bedienen und machen richtig Spaß.
Für Nutzer die mehr wollen verweist Adobe gerne auf die Kaufapp *Photoshop Touch* für Smartphones oder Tablets.

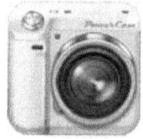

PowerCam

von Wondershare. Android ab 2.2, kostenlos. iOS 4.3 oder höher, 1,79 €

Eigentlich als Kamera-App entworfen, hat sich PowerCam zu dem Schweizer Taschenmesser der Smartphone-Fotografie entwickelt. Die Kamerafunktionen wurden bereits in dem entsprechenden Kapitel vorgestellt. In diesem Kapitel werden die Bearbeitungsmöglichkeiten dieser App beleuchtet.

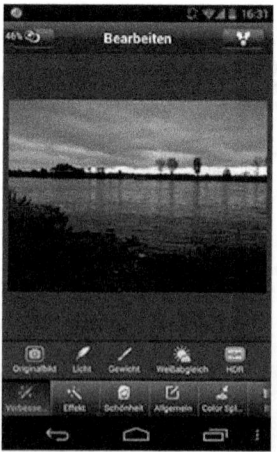
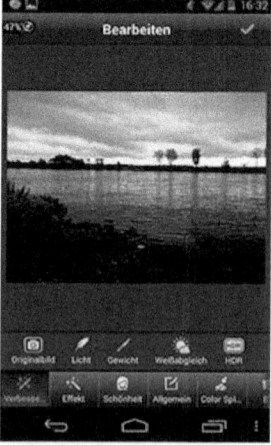

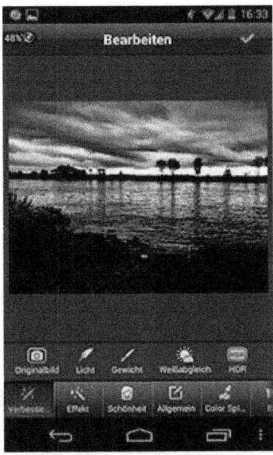

Nachdem ich auf den Startbildschirm auf *Bearbeiten* getippt habe, erscheinen wie üblich, die verschiedenen Ordner in denen Bilder gespeichert sind. Ich habe das Bild eines Novembernachmittages mit aufziehenden Regenwolken gewählt. Nun kann eine Vorauswahl getroffen werden. *Licht* macht das Bild logischer weise heller, der automatische *Weißabgleich* arbeitet recht willkürlich und ist nicht sonderlich zu gebrauchen. Warum nun das Wort *Gewicht* für einen verstärkten Farbdynamikumfang benutzt wurde, entzieht sich meiner Kenntnis.

Es bleibt noch der Knopf für *HDR.* Es mag in der hier angezeigten Miniatur gut aussehen, dramatischer Wolkenhimmel, schillerndes, detailreiches Wasser, interessanter Farbverlauf und das Bild zeigt plastische Tiefe. Doch das Original, am Desktop betrachtet, enttäuscht. Himmel und Wasser sind völlig verrauscht. Eine Möglichkeit, diese Effekte abzumildern sind nicht vorhanden. Erst in der weiteren Bearbeitung unter *Effekt, Schönheit* und *Allgemein* können Korrekturen vorgenommen werden.

Diese Vorauswahl aus der oberen Reihe des Menüs wird als Basic für die weitere Bearbeitung genutzt. Und jetzt wird es spannend. Im nächsten Menüpunkt können Sie *Effekte* hinzufügen. Im Kontext verändert sich das obere Menü. Nach Antippen des Punktes *Effekt* öffnet sich das obere Kontextmenü mit den fünf Punkten *Hell, Kunst, Freak, Reminizens* und *Farbe*. Jeder dieser Menüpunkte eröffnet zwischen sieben und 15 weitere Möglichkeiten.

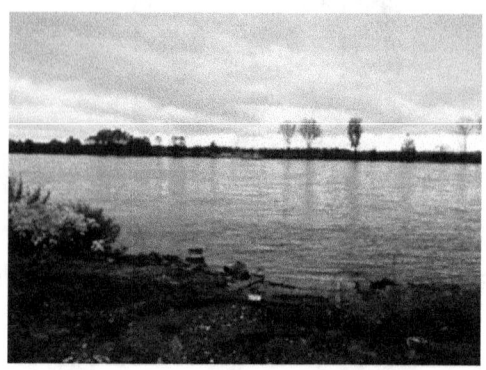

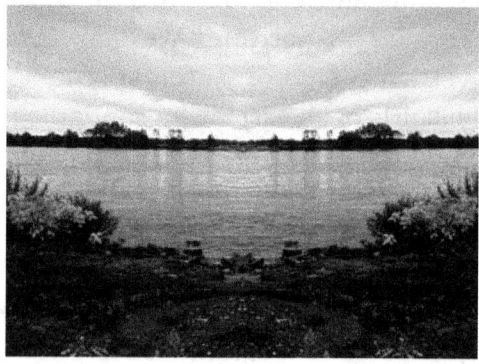

Schauen Sie sich einmal die Bilder weiter oben auf den Screenshots, und die Bearbeitungen auf dieser Seite an. Im linken Bild wurde unter Verbesserung Licht, anschließend der Effekt *Hell* und dann *Whitening* hinzugefügt. Dem rechten Bild habe ich noch zusätzlich den Effekt *Freak > Alien* (Funktion *vertikale Spiegellinie*) spendiert.

Der Menüpunkt *Schönheit* bietet weitere vorgefertigte Effekte, welche insbesondere bei Personenaufnahmen und Porträts besonders nützlich sind. Aber auch bei allen anderen Aufnahmen lohnt es sich diese Produkte auszuprobieren. Wie bei vielen anderen Bildbearbeitungen für Smartphones ist es auch bei dieser App Möglich das Originalbild durch Fingertipp auf das bearbeitete Bild einzublenden.

Hinter dem Menüpunkt *Allgemein* kann das Bild gedreht, gespiegelt und zugeschnitten werden. Eine Funktion zum individuellen Ausrichten fehlt aber leider. Doch hier findet man unter *Anpassen* auch mal die Möglichkeit *Helligkeit, Kontrast* und *Sättigung* selber anzupassen. Bei einem Bild wie dem obigen sollten Sie bei *Helligkeit und Kontrast* vorsichtig vorgehen, sonst fransen die Bäume am Horizont aus oder verschwinden ganz.

Unter dem Menüpunkt *Color-Splash* befinden sich noch die beiden Teilcolorierer. Tippen Sie irgendwo auf das Bild und sehen Sie sich die farb- und schwarz-weiß Verläufe an. Der letzte Punkt *Blur* ermöglicht Schärfe-Unschärfeverläufe in 5 unterschiedlichen Formen. Mit den geeigneten Bildern lassen sich mit etwas Mühe Tilt-Shift-Effekte produzieren.

Spielplatz

Ich will den folgenden Apps nicht unrecht tun, aber gegenüber den mächtigen drei Top-Apps wirken die folgenden doch eher übersichtlich. Gut sind sie jedoch für einfache und schnelle Bearbeitung, wenn die Instagram-Funktionen zu wenig sind oder einfach nur aus Spaß. Und Spaß machen sie. Die im folgenden Kapitel vorgestellte App ist sehr verwandt mit dem obigen Pixlr Express. Klar, ist ja auch vom selben Hersteller.

Pixlr-o-Matic

Autodesk Inc., kostenlos für Android ab 2.3.4 und iOS ab 5.1

Im Jahr 2011 zeichneten die App-Tester von 148apps.com Pixlr-o-Matic als beste Fotobearbeitung für Android aus. Tatsächlich können Sie Ihr Bild, wenn es aufgenommen oder in der Galerie ausgesucht ist, in nur drei Schritten aufmöbeln.

- Effekte
- Überlagerung
- Rahmen

Fertig ist die Sache. Ja, das ist alles! Allerdings besteht die Qual der Wahl. Allein über 100 Effekte stehen zur Auswahl, hinzu die Überlagerungen und Rahmen. Laut Hersteller sollen daraus 5 Millionen unterschiedliche Darstellungsmöglichkeiten Ihres Bildes hergestellt werden können.

Diese App verbindet einige sehr nützliche Anwendungen mit einer gesunden Portion Spaß. Doch eine Warnung muss ich an dieser Stelle aussprechen: Vorsicht, der Gebrauch kann zur Sucht führen.

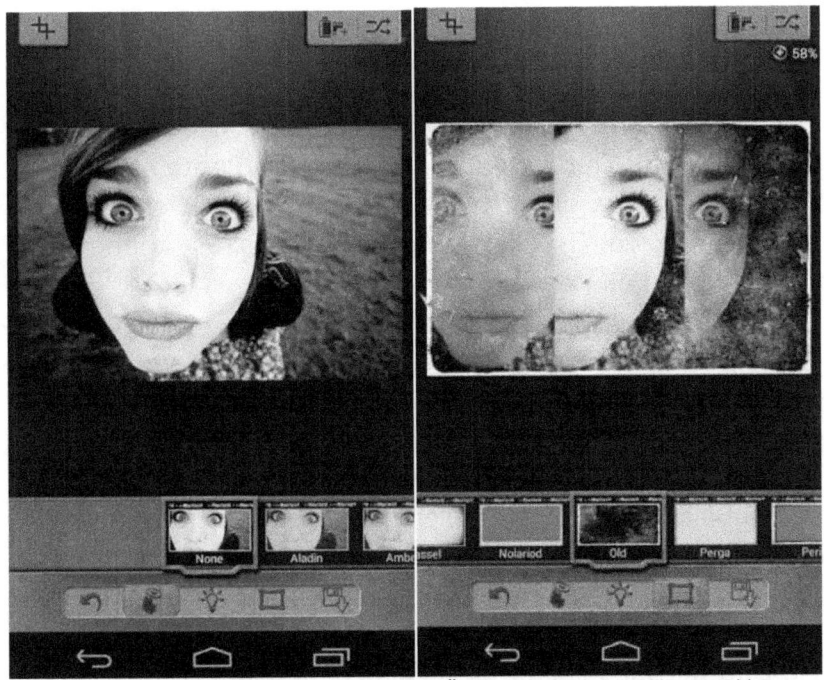

Screenshot: ©Pixlr-o-Matic–Effekt: *Piper*, Überlagerung: *Wave*, Rahmen: *Old*

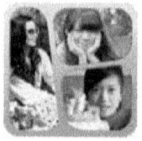

Photo Art Studio

Appfree, Android ab 2.3

War Ihnen bisher alles nicht einfach genug. Wollen Sie wirklich ein Spaß-Tool für Erstanwender? Bitte schön! Photo Art Studio macht den Einstieg einfach. Mit dieser App erstellen Sie kinderleicht Collagen, Grußkarten und ähnliches. Sie können Ihr Foto mit einfachen Werkzeugen anpassen.

Zunächst suchen Sie das Template, den Rahmen aus. Anders als bei den bisherigen Apps spielen die Templates eine wichtige Rolle. Hier wird auch nicht ein Foto auseinander geschnitten, sondern Sie setzen in jedes Feld des Rahmens ein anderes Bild, bei Belieben auch das gleiche, ein. Natürlich gibt es auch die Möglichkeit, ein einzelnes Bild zu bearbeiten. Ein Fingertipp auf das ausgesuchte Bild, öffnet unten die Optionen für die Anpassungen von Belichtung, Farbton/Sättigung und Kontrast. Darüber hinaus gibt es verschiedene Filter. Nun können Sie noch „wunderschöne" Effekte und/oder Sticker, oder bei Bedarf einen Text hinzufügen. Anschließende wird das Bild gesichert, und/oder in einem sozialen Netzwerk geteilt.

Ich bin mir durchaus bewusst, dass es noch eine Reihe sehr guter Apps für die Smartphone-Fotografie gibt. Alle in diesem Buch vorgestellten, habe ich allerdings getestet. Es liegt in der Natur des Mediums Smartphone, dass es bei Kameras und Bildbearbeitungen laufend zu neuen Techniken kommen wird. Es liegt aber auch in der Natur des Mediums eBook, dass es laufend, für den Kunden kostenlos, aktualisiert werden kann. Daher kann ich zum heutigen Zeitpunkt nicht sagen, ob die hier favorisierten Apps in der nächsten Auflage weiterhin zu den Besten gehören.

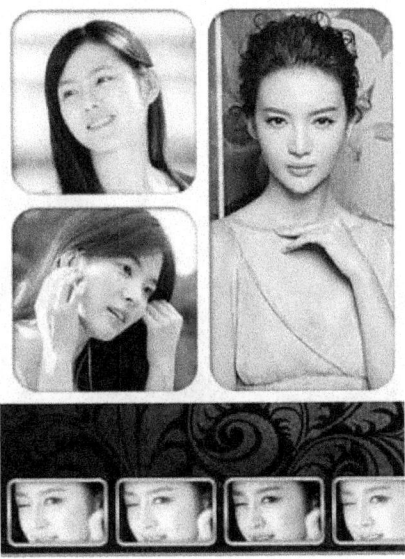

Screenshot © Photo Art Studio, Appfree

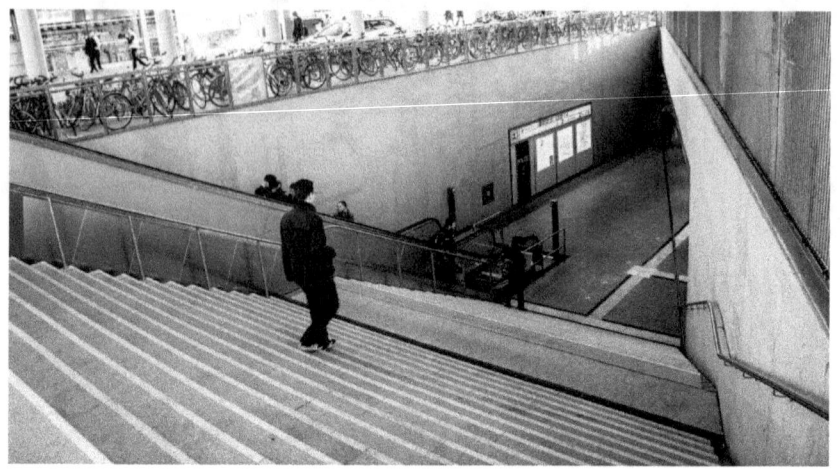

Zubehör

Stative und Adapter

Da ein Smartphone kein Stativgewinde aufweisen kann, wird ein zusätzlicher Adapter benötigt. Ist dieser vorhanden, kann das Smartphone auf jedes gängige Stativ aufgesetzt werden. Sogar auf ein Profi-Tripod, wie auf dem folgenden Bild zu sehen.

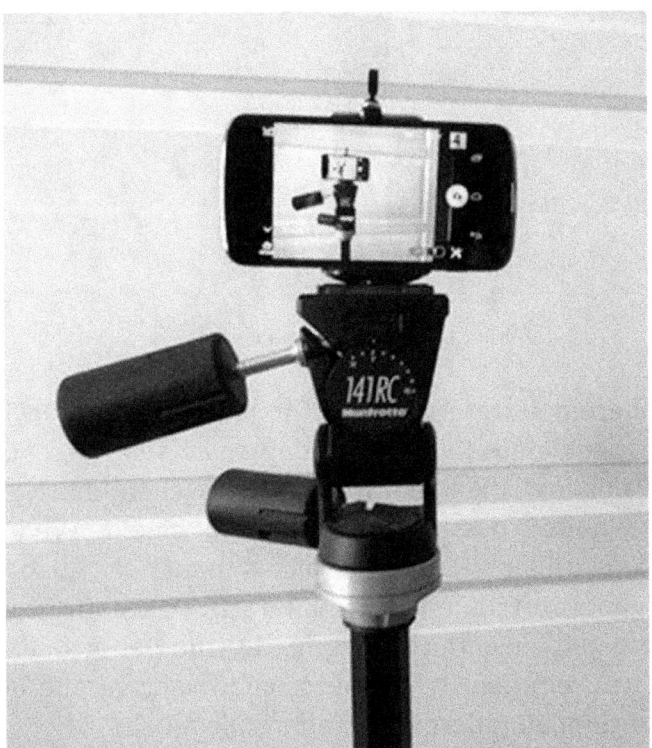

Stativ mit Drahtadapter und Smartphone

Dass preiswert nicht unbedingt schlecht sein muss, ist eine Binsenweisheit. Leider ist der Markt für leichte Stative und Adapter nahezu unüberschaubar. Ich habe einiges getestet und muss leider feststellen, dass sehr viel richtiger Schrott dabei ist.

Kleine, nicht sonderlich stabile Stative gibt es spätestens seit der Erfindung der Digitalfotografie. Leichte Kameras, wie die Smartphones brauchen oft nicht mehr an Halt. Kaufinteressenten empfehle ich, Produkte von mehreren Herstellern zu vergleichen. Die beiden meist angebotenen Adapter (Mount) sind entweder ein Drahtgestell mit Feder oder ein Stück Plastik.

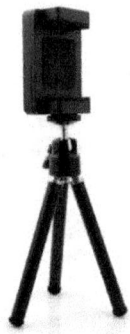

Ministativ mit Kunststoffadapter

Unter anderem testete ich eine Kombination Adapter-Stativ. Der hier abgebildete Kunststoff-Adapter ist sehr eng. Für ein iPhone bis 5s mag die Spannweite noch reichen, das Nexus 4 und das iPhone6 passt gerade noch so hinein. Wenn das Smartphone größer ist, geht gar nichts mehr. Der Adapter ist aber gut gepolstert, damit nichts verkratzt. Das Stativ ist selbst bei kleinen und leichten Smartphones zur Benutzung nicht sonderlich zu empfehlen. Es muss schon sehr gerade ausgerichtet werden, um überhaupt stehen zu bleiben.
Ich habe aber auch einen recht ordentlichen, preiswerten Adapter gefunden. Die Polsterungen sind gut, es lassen sich

Smartphones bis zu einer Höhe von etwa 7 cm einspannen. Etwa doppelt so teurer, aber auch wesentlich kompakter und hochwertiger, ist der *Joby JB01254-BWW GripTight Mount* und der noch teurere *Selfie Clip Smartphone Halter* von Rollei. Vor geraumer Zeit habe ich bei Amazon für 1,18 € incl. Versand geschossen. Die Lieferzeit dauerte zwar über 4 Wochen, aber zusammen mit einem Adapter tut es, was es soll. Lieferbar ist es leider nicht mehr. Doch wenn sie selber in den üblichen Portalen suchen, kann das eine oder andere Schnäppchen dabei sein. Allerdings sollten solche Produkte nicht mit einem hochwertigen, flexiblen Stativ wie dem **Jobi Gorillapod** oder den **Rollei-Produkten** verglichen werden. Ein Qualitätsunterschied ist deutlich zu spüren. Machen Sie sich vorher klar, zu welchen Zwecken Sie das Tripod brauchen. Möglicherweise haben Sie noch ein Stativ ihrer kompakten Digitalkamera.

Relativ neu auf dem Markt ist das hochpreisige Selfie-Tripod von Rollei mit Bluetooth Fernbedienung. Wie auch die anderen Smartphone-Produkte von Rollei, zeichnet sich auch dieses Stativ durch hervorragende Qualität aus.

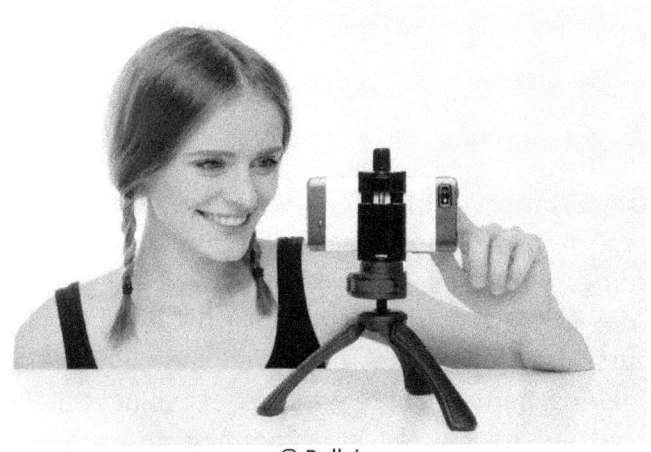

© Rollei

Panorama-Drehständer

Wie Panoramaaufnahmen gelingen, habe ich schon vorgestellt. Doch stellen sie sich vor, Sie klemmen ihr Smartphone
einfach auf ein Stativ, und dieses dreht sich dann langsam
aber selbstständig. Die beiden Geräte **Panpod-
Panoramastativ** und das **Veho MUVI X-Lapse** funktionieren
nach dem gleichen einfachen aber genialen Prinzip: Der Motor
ist eine „Eieruhr". Durch eine Klammer wird das Smartphone,
nach Möglichkeit hochkant, festgehalten. Durch den Aufziehmotor dreht es langsam, aber stetig. So sind Sie unabhängig
von Akku oder Steckdose.

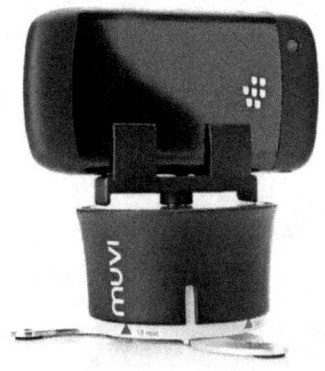

Produktfoto ©Veho

Ein anderes Prinzip verfolgt der *Calstell 360° Panoramastän-
der*. Dieser ist zusätzlich mit einer Fernbedienung ausgestattet. Allerdings wird dieses Gerät mit einem Akku betrieben,
welcher per Micro-USB aufgeladen wird. Dieses Gerät habe
ich in Deutschland bisher nur beim Versandhändler Pearl gesehen. Eine Anschaffung sollte gut überlegt sein, schließlich ist
der Akkubetriebene Calstell etwa doppelt so teuer wie das
Panpod mit Aufziehmotor. Für das iPhone gibt es die App
Cycloramic Essentials für solche Panoramaaufnahmen.

Einhandstative

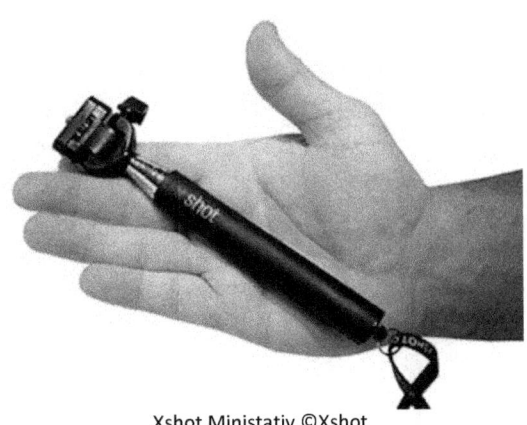

Xshot Ministativ ©Xshot

Das Einhandstativ scheint für die Smartphone-Fotografie er-funden worden zu sein. Tatsächlich gibt es sogenannte Singlepods, in Form von Einbeinstativen schon lange. Auch Spiegelreflex-Fotografen benutzen unterwegs gerne diese Unterstützung gegen verwackelte Bilder und längere Belich-tungszeiten.

Actionkameras werden gerne von Skatern oder Snowboardern benutzt. Damit diese sich selbst filmen können, benötigen sie ein Handstativ. Ich würde das Smartphone zwar nicht als Ac-tionkamera nutzen wollen, da ich für solche Zwecke keinen wirklich vertrauenerweckenden Adapter gefunden habe. Mög-lich wäre es aber.

Für uns Smartphone-Fotografen entwickeln sich mit einem solchen Stativ ganz neue Perspektiven. Das oben abgebildete Xshot Ministativ ausgezogen immerhin 77,5 cm. So lässt sich beispielsweise ein Gruppen-Selfie von „oben herab" aufneh-men oder Sie benutzen das Stativ bei einem Rockkonzert als verlängerten Arm. Ich benutzte es auch für Videoaufnahmen bei einer Bootsfahrt, indem ich Kamera mit Stativ über die

Reling hielt. Bisher funktionierten diese Aufnahmen nur mit einem Selbstauslöser. Bei Videoaufnahmen ist es einfacher, der Anfang und das Ende wird einfach weggeschnitten.

Komfortabler sind Singlepods mit Fernbedienung. Sie werden als Set für Android und iPhone angeboten. Diese Kombinationen kosten zwischen 10 und 25 €.. Stativ und Bluetooth-Fernbedienung sind auch einzeln zu haben. Allerdings machen diese NoName-Produkte keinen besonders stabilen Eindruck.

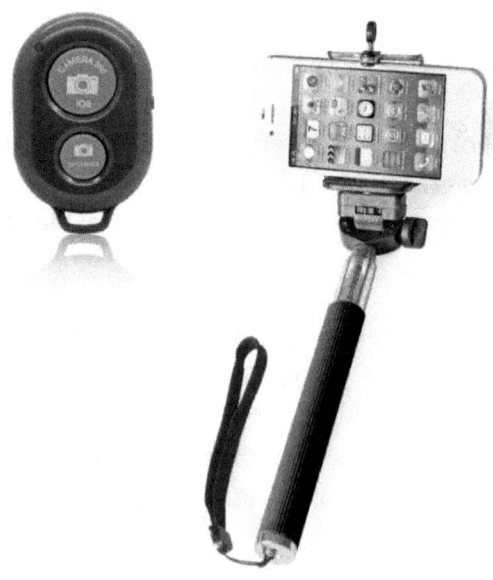

Singlepod mit integriertem Bluetooth (Selfie Stick)

Android ab 2.3.6, iOS ab 5.0

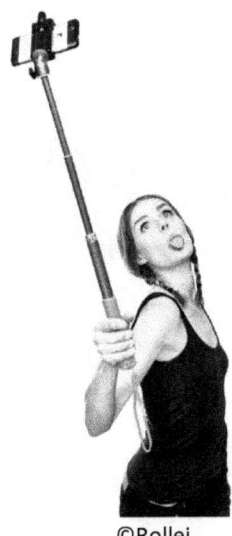

©Rollei

Die bisherigen Beispiele waren meine rudimentären Lösungen. Ich überlegte, wie ich die Fernbedienung am Griff befestigen, wie ich bequem mit diesen Stativen fotografieren kann. Auf der Photokina 2014 entdeckte ich die Lösung vom renommierten Hersteller Rollei. Hier ist die Fernbedienung in den Griff integriert. So entfällt schon einmal das Suchen nach dem Peripheriegerät. Neben der Bluetooth-Fernbedienung ist auch der Akku in den Stativgriff integriert. Der mitgelieferte Adapter zum Befestigen des Smartphones wirkt stabiler als alle anderen von mir getesteten. Es befestigt Geräte bis 8,5cm Höhe.

Sicher, dieses Produkt ist etwas klobiger und wiegt insgesamt 185g. Allerdings hat dieser Stick einen echten Kugelkopf, lässt sich bis fast einen Meter ausziehen und ist sehr solide gebaut. Kameras mit Stativgewinde können, laut Herstellerangaben, bis zu einem Gewicht von 500g genutzt werden. Mit diesem Stativ wage ich auch ungewöhnliche Perspektiven auszuprobieren, ohne dass ich Angst um mein Smartphone oder meine Kamera haben muss.

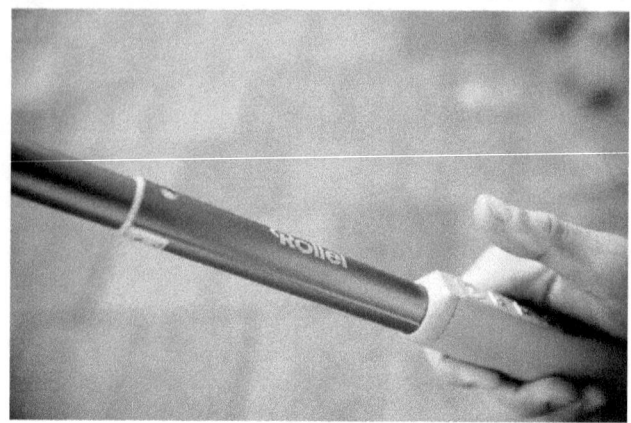

© Rollei

Tipp: Kfz-Halterung als Stativ benutzen!

Nutzen Sie Ihr Smartphone auch als Navi? Dann haben Sie sicher auch eine Halterung mit Saugnapf. Positionieren Sie Ihr Fahrzeug so, dass eine Scheibe auf das zu fotografierende Motiv ausgerichtet ist. Befestigen Sie jetzt die Halterung außen am Fahrzeug, und klemmen das Smartphone ein. Sie sollten eine Auslöseverzögerung einschalten, und das Handy einklemmen. Sie können natürlich auch die Seitenscheiben als Selfie-Stativ benutzen.

Zusatzobjektive

Wer für sein Smartphone ein Zusatzobjektiv sucht, das mit dem einer Spiegelreflex- oder einer anderen Systemkamera mithalten kann, wird schnell enttäuscht sein. Bei den Objektiven handelt es sich um nette Ideen, die nicht ernsthaft umgesetzt werden. Zwar lässt sich an einigen „Teleobjektiven" die Schärfe am Objektivkranz, wie an einer großen Kamera, einstellen, doch bleiben nur gut gemeinte Gimmicks übrig.

Im Groben können wir zwischen zwei Sorten Smartphone-Objektive unterscheiden. Einige benötigen einen Adapter und sind meist nur für bestimmte Modelle verfügbar. Andere werden von einem Magnetring gehalten, welcher vorher auf das Smartphone geklebt werden muss. Wieder andere werden mit einer verstellbaren Klammer am Smartphone festgehalten.

Eines haben aber alle gemein: Die Zusatzobjektive werden auf die Linse des jeweiligen Smartphones gesetzt. So ist zunächst die Qualität der Originallinse des Telefons maßgeblich, anschließend die Qualität des Aufsatzes. Da zwei Objektive zusammen agieren müssen, die nicht zusammengehören, muss ein höherer Qualitätsverlust in Kauf genommen werden.

Adaptermodelle

Die größte Auswahl gibt es für verschiedene iPhone-Modelle. Einige sind auch für diverse Modelle der Galaxy-S-Serie erhältlich. Ein Beispiel für die Adaptermodelle ist das iTele 8x Teleobjektiv von Rollei. 15,99 € inclusive Stativ, Stativ-Adapter und Hard-Case mit Objektivadapter sicher ein recht günstiger Preis (Mai 2014). Die Schutzhülle dient als Adapter und Halterung für das Objektiv. Allerdings sollte dieses Tele nicht ohne Stativ benutzt werden, sonst gibt es wirklich nur matschige Bilder. Ich habe es mit dem iPhone 4S probiert, obwohl es laut Herstellerangaben für das 4G gebaut wurde. Es kamen halbwegs brauchbare Bilder dabei heraus. Aber es ist und bleibt ein nettes Spielzeug, nicht mehr und nicht weniger.

Andere, allerdings von mir nicht getestete, hochpreisige Adapter-Objektive für iPhone und einige Galaxy-Modelle gibt es unter anderem von **schneideroptics**. Bitte verwechseln Sie diese Firma nicht mit dem renommierten Hersteller **Schneider-Kreuznach**. Diese beiden Firmen haben nichts miteinander zu tun.

Clip-Modelle

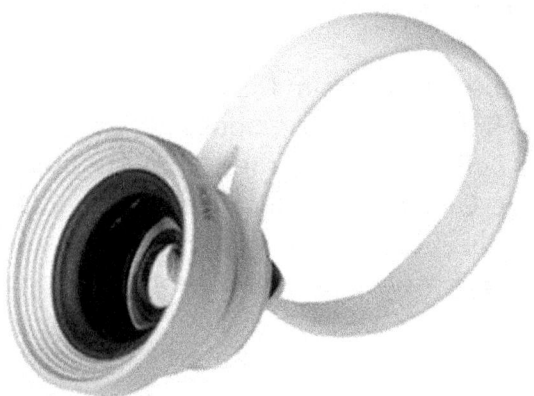

Eine große Auswahl an Weitwinkel- und Macro-Objektiven für alle Smartphones gibt es mit Clips verschiedener Ausführung. Je nach Modell des Clips, des Objektivs und des Smartphones sitzen die Objektive mehr oder weniger gut. Ein Verrutschen ist nicht ausgeschlossen. Die Qualität variiert sehr zwischen den verschiedenen Herstellern.

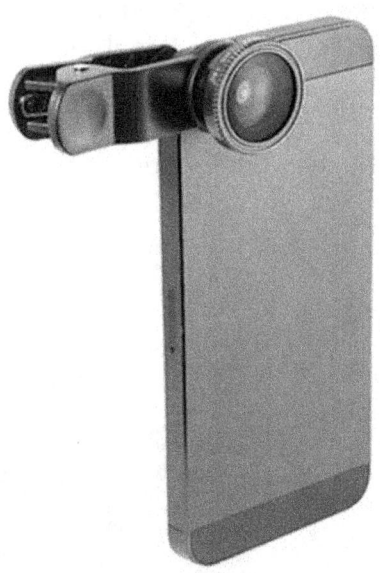

Die meisten Objektive mit Clip-Adapter sind sehr wackelig und minderwertig. Ob und wann höherwertige Produkte mit Klammer oder Clip am Objektiv auf den Markt kommen, lässt sich heute noch nicht voraussagen.

Objektive mit Magnetring

Zunächst kostet es ein wenig Selbstüberwindung. Sind Sie bereit, einen Magnetring auf Ihr Smartphone zu kleben? Diese Prozedur ist notwendig um diese Art von Objektiven zu nutzen. Ist der Ring erst einmal auf das Smartphone geklebt, lässt sich das passende Objektiv auf den Ring setzen. Für diese Modelle gibt es in Deutschland zwei große Anbieter. Zum einen Somikon, die Hausmarke des süddeutschen Versandhändlers Pearl, zum anderen die Marke Walimex von Foto-Walser. Vielleicht finden Sie einen Walimex-Vertragshändler in Ihrer Nähe. Allerdings sollte man sich keinen Illusionen hergeben, produziert werden diese Artikel ebenso in Südostasien, wie die Artikel der unzähligen anderen Anbieter bei Amazon und eBay. Ein Preisvergleich lohnt in jedem Fall, allerdings sind bei den deutschen Anbietern in der Regel die Versandzeiten erheblich kürzer.

Wie bei den Zusatzobjektiven der anderen Systeme, sind auch hier keine Wunder zu erwarten. Selbst ein gutes Aufsatzobjektiv macht aus einem Smartphone keine Systemkamera.

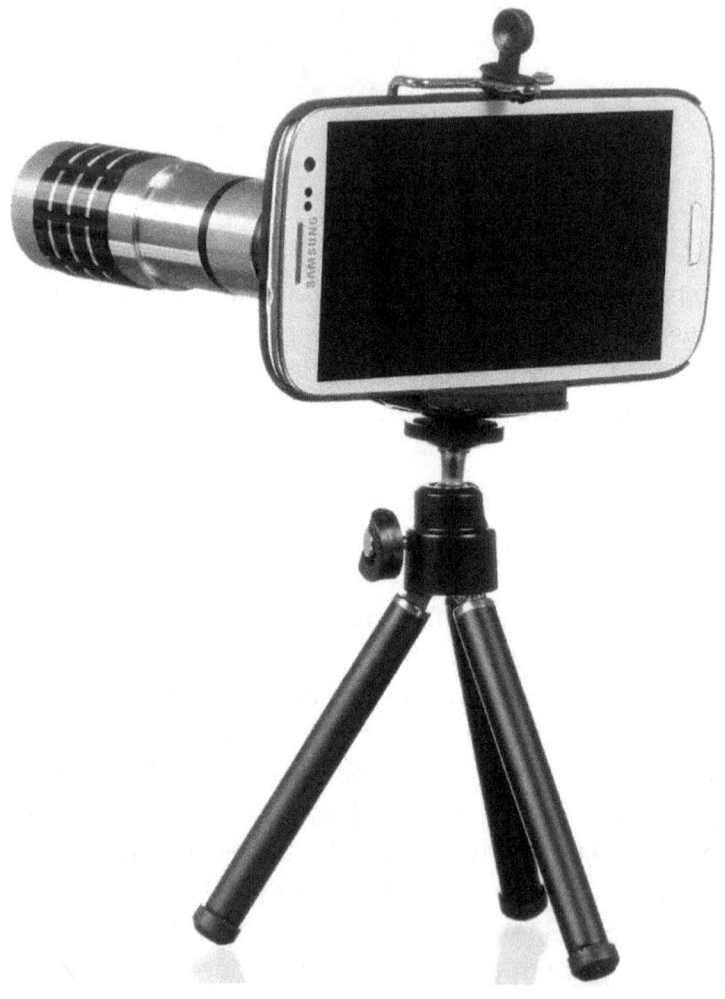

© Kitvisioin

QX 10/30/100 - die Objektivkameras von Sony

Zur IFA 2013 überraschte Sony nicht nur das Fachpublikum mit einer neuen Art von Kamera. Was zunächst aussieht wie ein Aufsatzobjektiv entpuppt sich als vollwertige Kompaktkamera ohne Blitz und Display. Die Kameratechnik der QX 10 entspricht der von Sonys Reisezoom-Kamera DSC WX20.

Diese Kamera kann auf das Smartphone aufgesteckt werden. Bei einem Android mit NFC-Technologie wird die zugehörige App automatisch heruntergeladen und installiert. Bei iPhones und älteren Androiden muss manuell eingegriffen werden. Ist dies geschehen, kann die Kamera mit dem Smartphone per WiFi verbunden werden. Auch das geht am einfachsten und schnellsten mit NFC. Die QX 10 überrascht mit einer sehr guten Bildqualität, einer hervorragenden Software, über 18 MP und einem 10fachen optischen Zoom.

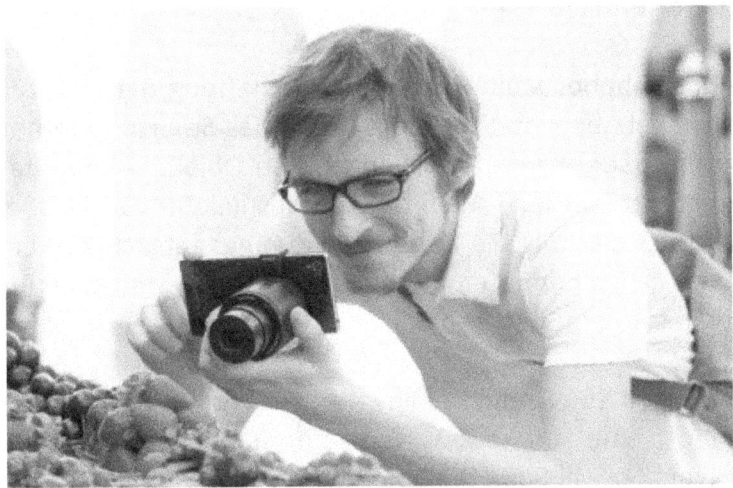

Kritische Geister werden jetzt sicherlich nach dem Blitz fragen. Die Antwort ist kurz: den gibt es, außer bei der Systemkamera ILCE QX1, nicht! Diese Knubbelkamera braucht ihn aber auch nicht. Der 18,2 Megapixel EXMOR R® CMOS-Sensor ist mit einer Hintergrundbeleuchtung ausgestattet. Dies erlaubt gute Fotos bei Kunstlicht, Partys oder auch bei Kerzenschein.

Wenn die Kamera nicht an der Halterung des Smartphones hängt, kann das Telefon auch nur als Controller genutzt werden. Zoom und Auslöser können auf dem Telefon oder der QX10 bedient werden. Fotos können Sie auch ohne Handy schießen, wenn die Micro-SD in der Kamera steckt.

Bei Videos müssen zwei Voraussetzungen erfüllt sein. Die Kamera muss mit dem Smartphone verbunden und in der Kamera muss die SD-Karte installiert sein. Auch die Video-Qualität in Full-HD ist hervorragend. Ich habe mir einmal den Spaß erlaubt, die Kamera auf ein ausziehbares Einhandstativ wie das xShot zu schrauben, um mich anschließend selbst zu filmen. Die Kombination Smartphone-Handstativ-QX10 habe ich auch bei einem Rockkonzert benutzt. Leider kann ich das Video aus Gründen des Urheberrechts nicht veröffentlichen. Im Blog habe ich weitere Erfahrungen mit dieser ungewöhnlichen Kamera veröffentlicht.

Bei allem Zubehör sollten vor der Anschaffung die Nachteile dieser Gidgets beachtet werden. Bleibt das Smartphone noch die „Immerdabei-Kamera", wenn diverse Objektive und Stative mitgeführt werden? Auch die von mir gelobte QX10 ist zusätzliches Gepäck. Diese habe ich allerdings tatsächlich recht oft dabei, da ich damit häufiger aus sehr ungewöhnlichen Perspektiven fotografieren kann.

Zur Photokina 2014 setzt Sony noch einen drauf: **Die** ILCE-QX1 SmartShot, eine Aufsteck-Systemkamera mit wechsel baren Objektiven. So will Sony die Spiegelreflex auf das Smartphone bringen. Doch die Konkurrenz schläft nicht. Air heißt die Lensstyle-Serie von Olympus. Wann diese in Deutschland erhältlich sein wird ist ungewiss. Diese Entwicklungen werde ich weiter beobachten.

Videoleuchte/Aufsteckblitz für Smartphones

Auf der Photokina 2014 stellte Metz die Videoleuchte *LED 72smart* vor. Dieses Produkt ist als Videoleuchte für Smartphones konstruiert. Pünktlich zum Weihnachtsgeschäft sollte das Gerät in den Handel kommen, doch leider konnte ich es weder online noch in Fachgeschäften entdecken. Ich hoffe, dass es trotz der Insolvenz der Firma Metz doch noch auf den Markt kommt.

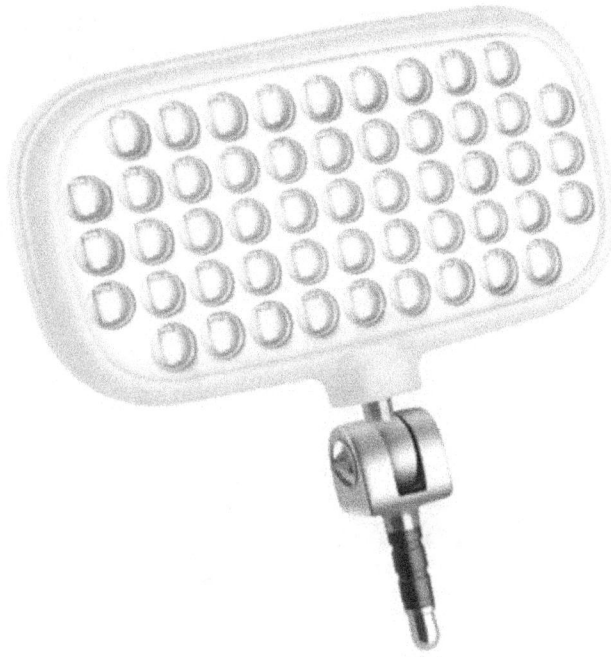

LED 72smart ©Metz

Sie kennen das Problem: Sie wollen ein Selfie schießen, doch es fehlt einfach Licht. Die LED am Smartphone ist auf der falschen Seite, zumindest für Selfies. Wenn Sie jetzt das LED 72smart in die Lautsprecherbuchse ihres Handys stecken, können Sie den Bereich ausleuchten den Sie wollen. Auf kleiner Fläche bietet das Gerät bis zu 72 LUX. So können Sie ausreichend Licht auf Motive werfen und die Bildqualität entscheidend verbessern. Die Leuchtfunktionen sind auf der

Rückseite in drei Stufen wählbar: volle Leistung, reduzierte Leistung und Blinken.

Zur geplanten Markteinführung zum Dezember 2014 wurde der empfohlene Verkaufspreis mit 24,90 € angegeben.

Frischer Saft

Wer viel mit dem Smartphone fotografiert oder gar filmt, stößt an so manchen Tagen an seine Grenzen. Nicht dass Ideen oder Motive ausgegangen wären, nein, dem Akku geht der Saft aus. Kaum einer von uns rennt mit dem Festnetz durch den Wald, daher ist jetzt guter Rat teuer. Doch auch für dieses Problem habe ich eine preiswerte Lösung parat.

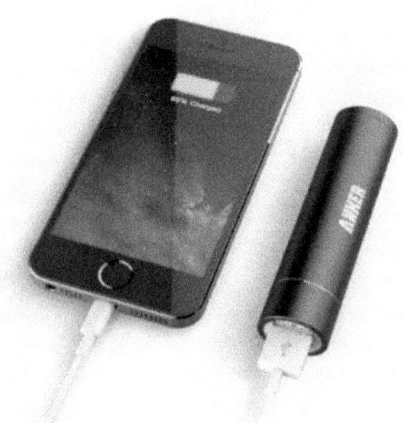

Ich habe mich für die Anker Astro Mini Powerbank entschieden. Einerseits ist dieses Gerät noch sehr handlich (8.9 × 2.3 × 2.3cm, 77gr), zum Anderen hat dieses mobile Ladegerät eine Speicherkapazität von 3200mAh. Das reicht beispielsweise für 1,5 Akkuladungen eines iPhone 5s oder eine volle Ladung Galaxy S5. Zudem ist es mit ca. 15€ incl. Versand recht günstig und Anker für gute Qualität bekannt. Die Ladezeit von Astro zum Smartphone beträgt 3-4 Stunden.

Exkurs: Smartphone mit der Spiegelreflexkamera verbinden

Ich habe es schon häufiger erwähnt, die aktuellen Smartphones werden mit ständig besser werdenden Kameras ausgestattet. Ein vollwertiger Ersatz für Spiegelreflex- oder Systemkameras werden sie aber nie sein. Das funktioniert schon alleine aus physikalischen Gründen nicht. Bisher habe ich mich daran gestört, dass die Kamera-Hersteller nur die umständlichen und teuren WFT-Transmitter anbieten.

Inzwischen gibt es recht interessante Apps, welche die Vorteile beider Geräte miteinander verbinden. Wer sein Smartphone mit der DSLR verbindet, bekommt neue Funktionen, einen externen Live-Bildschirm und damit auch eine externe Fernbedienung. Die Verbindungen zwischen Kamera und Smartphone können auf verschiedene Weise hergestellt werden.

USB-Kabel / OTG

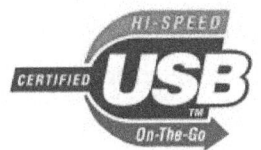

Fast alle neueren Android-, oder Windows-Phones besitzen die OTG-Funktion. OTG ist die Abkürzung für *On The Go*. Um diese Funktion nutzen zu können, wird ein USB-OTG-Adapter benötigt, Dieser kann bei den üblichen Online-Händlern für unter 3 Euro incl. Versand erworben werden. Mit diesem Adapter können Sie nun Tablet oder Smartphone mit der Kamera verbinden, das Smartgerät dient nun als Steuergerät der Kamera und externes Display. Insbesondere bei Tablets lässt sich die Qualität des Bildes genauer unter Augenschein nehmen.

Mit diesem Adapter können Sie Ihr Smartphone oder Tablet auch relativ komfortabel mit Maus oder Tastatur bedienen, Gamecontroller, Festplatten oder USB-Sticks anschließen. Leider ist diese Option nicht für alle Geräte möglich. Die Ansteuerung von USB-Geräten funktioniert erst ab Android 3.1, auch die restliche Software muss darauf abgestimmt sein. So funktioniert es beispielsweise nicht auf dem Nexus4 als einzi-

ges Nexus-Gerät nicht. Die iOS-Geräte sind wegen der fehlenden USB-Anschlüsse für diese Art von Verbindung ebenfalls untauglich.

Natürlich wird noch eine App benötigt, sonst lässt sich die Kamera nicht steuern.

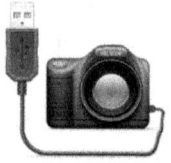

Für Android mit Nikon oder Canon empfehle ich die kostenlose App *Helikon Remote.* Für RAW-Funktionen ist die kostenpflichtige Version erforderlich.

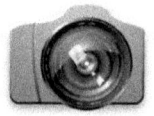

Wesentlich umfangreicher ist der *DSLR Controller (BETA) von Chainfire*. Diese App funktioniert zwischen Canon und Android. Viele Kamerahersteller haben inzwischen auch eigene Apps auf den Markt gebracht

Infrarot

Viele der neuen Smartphones haben einen Infrarot-Sender integriert. Sollte Ihr Gerät Infrarot nicht unterstützen, können Sie sich für wenig Geld und Aufwand einen Infrarot-Dongle selber bauen. Eine ausführliche Bauanleitung hat der Hersteller bitshift unter dem folgenden Link veröffentlicht. *http://bitshift.bplaced.net/de/dslr-remote/hardware.htm*

DSLR Remote von *bitshift* ist kostenlos und funktioniert nach Angaben des Entwicklers sowohl über OTG, Infrarot und Bluetooth mit Kameras der folgenden Hersteller: Canon, Fuji, Minolta, Nikon, Olympus, Pentax und Sony.

Bitte bedenken Sie, dass alle Kameras ihren Infrarotempfänger an der Vorderseite des Gerätes platziert haben. Wenn sie die Infrarot-Fernbedienung von hinten oder der Seite nutzen, wird es zu Schwierigkeiten mit der Auslösung kommen.

WLAN und Bluetooth

Hier kommt es wieder auf den Kamerahersteller an. Manche Kameras bieten beide Möglichkeiten. Auch für diese Verbindungsmodi gibt es eine Vielzahl Apps, welche teilweise von den Kameraherstellern angeboten werden.

Dieser Exkurs bietet nur einen kleinen Einblick. Letztlich dreht sich in diesem Buch alles um Smartphone-Fotografie. Doch wir können schon erahnen welche Möglichkeiten in Zukunft auf den Markt kommen.

Smartphone-Fotografien auf dem Fernseher betrachten

Wenn Sie bereits ein Smart-TV besitzen, wird Ihnen dieses Kapitel womöglich überflüssig erscheinen. Da diese Technik aber noch nicht so stark verbreitet ist, stelle ich hier Lösungen vor, die Ihren Flachbildfernseher zu einem Smart-TV aufrüsten.

Amazon Fire-TV

Amazon bietet seit einigen Monaten die kleine Medienbox Fire-TV an. Einigen Kommentatoren zu folge, ist das Gerät schneller als was man bisher von Smart-TV kennt, mit einem Preis von 99 € aber nicht gerade billig. Gleich bei Markteinführung konnte die Box mit einer Vielzahl von Apps bestückt werden. Zusätzlich können auch Gamecontroller bestellt werden, somit kann diese Box auch als Spielkonsole genutzt werden.

Firefox OS Media-Stick

Obwohl noch kein Datum für den Verkaufsstart auch nur erwähnt wurde, wird dieser Stick vom Computerboulevard schon als der „Chromecast-Killer" bezeichnet. Bisher gibt es jedenfalls noch keine Informationen zum Namen, Preis oder gar Erscheinungsdatum.

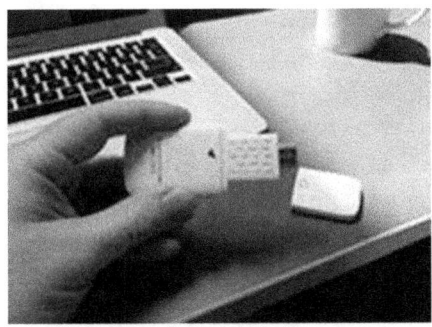

Christian Hellmann, einer der Entwickler bei Mozilla, veröf-fentlichte bei Twitter ein Foto welches den Prototypen zeigt. Anders als Chromecast soll der Firefox OS Stick keinen Ein-schränkungen bei der Medienauswahl unterliegen. In einem Kommentar, welchen er ebenfalls bei Twitter veröffentlichte, berichtet Hellmann, dass dieses Gerät über einen offenen Boot-Loader verfügen soll. Dieser ermöglicht weitere Anpas-sungen

Apple TV/AirPlay

Verkaufspreis 109 €

Für iPhone-User vielleicht eine Option. Es handelt sich hier um eine Set-Top-Box, welche an einen Fernseher und an das Stromnetz angeschlossen wird. Im Wesentlichen können da-rüber iTunes-Inhalte, Youtube und die private Fotosammlung am Bildschirm betrachtet werden. Steuerbar ist diese Box über eine eigene Fernbedienung. In der Regel ist diese Box nur mit anderen Apple-Geräten kompatibel, ausgenommen das bestehende Fernsehgerät. Mir ist bekannt, dass einige Nerds eine Software entwickelt haben, welche Apple TV auch für andere Systeme betriebsfähig macht. Diese Programme sind jedoch nicht von Apple autorisiert und nur auf dem Schwarz-markt zu bekommen. Die Installation führt in jedem Fall zum Garantieverlust.

Miracast/DNLA

Verkaufspreise zwischen ca. 25 und 100 €

Im September 2012 gab die WiFi-Allianz, eine Organisation welche sich um die Standardisierung der kabellosen Heimnetzwerke kümmert und in der alle relevanten Firmen Mitglied sind, einen neuen Standard namens Miracast bekannt.

Auf einen Miracast-HDMI-Stick können die kompletten Bildschirminhalte des Smartphones oder Tablets auf den Bildschirm übertragen werden. Miracast-Dongles können für Android-Geräte ab 4.2. genutzt werden.

Chromecast

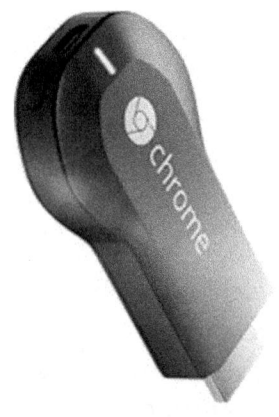

Wie schon erwähnt ist Apple-TV nur mit Apple-Geräten und Micracast für Androiden kompatibel. Doch was ist wenn Mama und Papa mit Android-Geräten, der Sohn aber mit einem iPhone und einem Linux-Laptop hantiert und die Tochter unbedingt noch ihr Windows Netbook einbringen will? Ausgerechnet Google bietet hier eine mögliche Lösung an.Lang erwartet brachte Google im April 2014 das Gerät auch auf den deutschen Markt. Wenige Stunden nach Listung bei Amazon besetzte dieses Produkt Platz 1 der Bestsellerliste. Im Gegensatz zu sämtlichen zuvor bekannten Streaming-Lösungen ist hier das auslösende Gerät wie Smartphone, Tablet oder Laptop nur eine Fernbedienung. Sobald Chromecast signalisiert bekommt was es zeigen soll, übernimmt es diesen Job völlig selbstständig. Das Smartphone wird dann zu einer Fernbedienung und Chromecast holt sich die Inhalte aus dem Netz.

Es handelt sich um einen HDMI-Stick, welcher in einen freien HDMI-Slot des TV-Gerätes gesteckt wird. Kompatibel mit allen gängigen Betriebssystemen wird die kostenlose App auf das mobile Endgerät oder Laptop geladen. WiFi vorausgesetzt, installiert sich Chromecast selbst.

Um Webinhalte auf den Fernseher zu bringen, ist der Chrome-Browser mit der Chromecast-Erweiterung Voraussetzung. Für Videostreaming sollte aber besser eine passende App wie Youtube, Vevo, Maxdome oder PlayMovies genutzt werden. Anders als bei Apple-Air oder Miracast sind für die Darstellung am TV-Bildschirm entsprechende Apps von Nöten. Diese gibt es kostenlos bei Google-Play oder im App-Store.

Fazit:

Für den überschaubaren Kreis der Nutzer, die „alles von Apple haben müssen", gibt es naturgemäß keine Alternative. Für alle, die sich Unabhängigkeit vom Hersteller bewahren möchten, ist Miracast/DNLA oder Chromecast die Alternative. Obwohl Miracast/DNLA als Standard definiert wurde, und für überzeugte Technikfreaks das einzig Wahre ist, konnte sich das Format noch nicht durchsetzen. Bleibt Chromecast. Zwar ist das Gerät auch an einen Hersteller gebunden, doch die Kompatibilität mit den beiden wichtigsten Smartphone-Betriebssystemen, die große Beliebtheit bei den App-Entwicklern und der günstige Preis haben dieses System schon jetzt zum Burner gemacht. Dies ist natürlich eine Momentaufnahme, Firefox OS steht schon in den Startlöchern. Ergänzend sei noch erwähnt, dass Bilddateien natürlich auch mit einem Datenkabel an das TV-Gerät geschickt werden können.

Chromecast-Apps zur Bildbetrachtung

Durch die neue Technik ist es erstmals möglich, zusammen mit Familie und Freunden Urlaubsbilder anzusehen, die nicht an langweilige Diaabende der Eltern oder Großeltern erinnern. Sie können eine Art interaktive Diashow veranstalten. Vorausgesetzt im Freundes,- Bekannten- und Familienkreis sind iPhones und/oder Androids vorhanden, dann loggen sich alle in das vorhandene WLAN ein, und schon kann es losgehen.

Ich habe einige Chromecast-Apps ausprobiert. Meine Favoriten stelle ich Ihnen auf den folgenden Seiten vor.

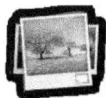

Photocast

Kostenlos für Android und iOS

Eine App ohne große Einstellmöglichkeiten. Trotzdem ist fast alles dabei, was zur Betrachtung über Fernsehgerät oder Beamer wichtig ist. Allerdings fehlt momentan die Funktion einer Slideshow oder Playlist. Auch können keine Bilder aus der Cloud angezeigt werden. Nach Information der Entwickler wird genau an diesen beiden Punkten momentan gearbeitet. Die vorhandenen Funktionen dienen in erster Linie der Ansicht, und die können sich sehen lassen.

- **Stack View**

  Diese Ansicht ist der vorgegebene Standard. Auf dem Bildschirm entsteht der Eindruck, als lege man die Fotos übereinander auf den Tisch. Ähnlich, wie Bilder damals gezeigt wurden, als wir diese noch in Fototüten archivierten. Die Bilder haben einen weißen Rand, am unteren Rand werden Datum und gegebenenfalls der Aufnahmeort angezeigt.

- **Magazin View**

  Die zuletzt gezeigten Bilder werden auf dem Bildschirm verteilt. Das aktuelle Foto wird am größten dargestellt.

- **Fullscreen View**

  Wie der Name schon vermuten lässt, wird das Foto, soweit das Format es erlaubt, möglichst bildschirmfüllend dargestellt.

- **Geo View**

  Vorausgesetzt die Ortsinformationen sind vorhanden, wird das Bild auf einem Google-Maps Hintergrund gezeigt. Unter dem Foto wird der Ort angezeigt, oben links wird mit einem Symbol das Wetter, das Datum und die Uhrzeit des Aufnahmezeitpunkts angezeigt.

Bleibt zu hoffen, dass diese App auch nach dem Upgrade so schön übersichtlich bleibt.

Avia Media Player

Arrai - Android ab 2.2.3

Da diese App sehr vielfältig ist, beschränke ich mich weiterhin auf die Bilder. Wer diese auf verschiedene Geräte verteilt hat, ist mit dem Avia Media Player gut bedient.
Die App startet mit einer ausführlichen Einführung, welche ich, würde ich diese Zeilen nicht schreiben, sicher übersprungen hätte. Die Bedienung ist logisch und einfach nachvollziehbar. Ob Sie Ihre Medien auf dem Smartphone, Tablet, Desktop, Laptop oder NAS-Festplatte gespeichert haben, mit dem Avia Media Player können Sie alle aufrufen, mit Bildern und Alben von Facebook, Dropbox und Google+ Fotos ergänzen und via Chromecast auf den Fernseher bringen.

Die Grundfunktionen sind kostenlos. Für 2,99 € werden die Unterstützungen für Chromecast und Miracast/DLNA/UPnP-fähige Geräte frei. Ebenso werden der Zugriff auf Dropbox und Unterstützung für Themes freigeschaltet und die Werbung entfernt.

Dayframe

Cloud.tv – Android ab 3.0

Zunächst war die App dafür entwickelt, ein Tablet-PC, bzw. ein Smartphone in einen digitalen Bilderrahmen zu verwandeln.

Dies funktioniert nun auch mittels Slideshow und Chromecast auf dem TV-Bildschirm.

Diese App lässt sich mit relevanten sozialen Fotocommunitys wie Flickr, Instagram und Google+ Foto aber auch mit anderen sozialen Medien wie Twitter, Tumblr oder Facebook verbinden. Auch die internen Inhalte von Android-Geräten lassen sich prima auf den PC bringen. Die Bedienung ist etwas gewöhnungsbedürftig.

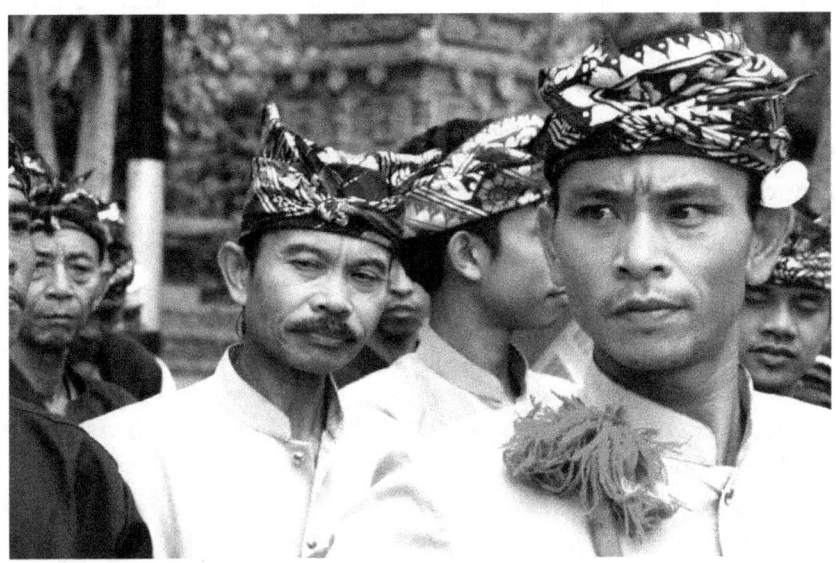

Geld verdienen mit Smartphone-Fotografien?

Leider ist das Internet vollgestopft mit unseriösen Anleitungen zum Reichwerden. Aus diesem Grund habe ich in der Erstauflage dieses Buchs darauf verzichtet, obwohl ich selber Fotografien bei verschiedenen Agenturen zum Kauf anbiete. Eines vorweg: Sie müssen kein Profi sein, um mit Ihren Bildern Geld zu verdienen, aber mit ein paar Klickbildchen werden Sie kaum einen Cent erwirtschaften.

Profis und ambitionierte Hobbyfotografen werden ihre großen Kameras wie DSLR, Mittelformat oder OMD weiterhin nutzen. Die Smartphoneography wird diese Kameras nicht ersetzen, sondern ergänzen. Trotzdem haben sich die kleinen Hosentaschenkameras auch einen Platz in der bezahlten Stockfotografie ergattert.

Sicher, es ist nicht einfach, aber es ist möglich, mit Fotos aus dem Smartphone Geld zu verdienen. Der weltweit bekannteste Microstock-Fotograf Yuri Arcurs teilte im Sommer 2013 seinen Ausstieg aus dieser Branche mit. Mit dieser Bekanntgabe koppelte er zwei weitere Überraschungen. Seine Fotografien werden in Zukunft nur noch von der etablierten Agentur Getty-Images vertrieben, außerdem verriet er Details zu seiner Millioneninvestition. Es handelt sich um ein Start-up-Unternehmen, einer Agentur für Smartphone-Fotografie namens Scoopshot. Dies geschah, nachdem einige Agenturen mit ähnlichem Konzept, wie die sympathische Agentur Pictorama aus Hamburg, aufgeben mussten.

„WIR BRAUCHEN AUTHENTISCHE, ECHTE BILDER, DIREKT AUS DEM LEBEN GEGRIFFEN, EINZIGARTIGE MOMENTE MIT SEELE UND GEFÜHL."

So oder ähnlich drückten es die Vertreter der Microstock-Agenturen auf der Microstock-Expo im November 2013 aus. Dort wurde auch über das Geldverdienen mit Smartphone-Fotografie diskutiert. Zwar wurde die Möglichkeit der Spontaneität und häufiger Bereitschaft ebenso gelobt, wie auch die Tatsache, dass Handykameras immer besser werden. Kritisiert wurde, dass vor allem bei schlechten Lichtverhältnissen und/oder weiter Entfernung ein Handy nach wie vor nicht mit einer guten Kamera verglichen werden kann.

Auch CEO Oleg Tscheltzoff von Fotolia sagt zur bisherigen Entwicklung der hauseigenen App: *„Zunächst war Instant ein Experiment für uns, denn wir wussten, dass Smartphone-Fotografie ein großer Trend werden wird, den wir nicht ignorieren dürfen. Jetzt stellen wir fest, dass Instant eine Quelle für frische Bildmotive und Triebkraft für unsere Verkäufe ist, wie wir es nie erwartet hätten."*

Nun behaupten einige „Ratgeber", man könne mit Landschafts-, Blumen- oder Urlaubsbildern Geld verdienen. Das müssen sie nicht glauben. Wahrscheinlich können sie nicht einmal einen Blumentopf damit gewinnen. Der Chef der Mobile-Abteilung von Fotolia, David de Lossy, plauderte kürzlich aus dem Nähkästchen, wie sich die Verkäufe in den letzten neun Monaten entwickelten. Damit gibt er uns Hinweise, welche Motive am gefragtesten sind: *„Die meistverkauften Fotos der Instant Collection zeigen Aufnahmen junger Menschen, die Spaß in der Natur haben. Sonne, Freude, helle Farben und eine spontane, authentische Atmosphäre kennzeichnen den Look, den Bilderkäufer bei Smartphone-Fotos suchen."*

Sicher, einige wenige Menschen sind durch Stockfotografie sehr reich geworden wie der oben erwähnte Yuri Arcurs. Andere können nach eigenen Angaben davon gut leben, wie der deutsche Bildproduzent Robert Kneschke. Mein Tipp: Probieren Sie es aus, seien Sie aber nicht enttäuscht wenn der erhoffte Erfolg ausbleibt. Ich selber biete auch einige Fotos über Agenturen an. Mehr als einen Teil meines Hobbys Fotografie kann ich mit den Erlösen aber nicht finanzieren. Wenn Sie ernsthaft an dieser Art des Geldverdienens mit Fotografie interessiert sind, empfehle ich Ihnen das sehr sorgfältig erarbeitete und sehr umfangreiche Buch von Robert Kneschke: Stockfotografie: Geld verdienen mit eigenen Fotos.

Agenturen mit Smartphonesparte

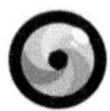

Scoopshot

Bei Scoopshot können potenzielle Bildkäufer sogenannte Aufgaben kostenlos einstellen. Diese Aufgaben werden im Umkreis von ca. 20 km einer gewünschten Stadt für eine Woche angezeigt. Wer seine Aufgaben deutschlandweit oder gar noch weiter ausschreiben will, muss zahlen.
Nun können die Fotografen Bilder zu den jeweiligen Aufgaben einreichen. Wenn der Käufer eines dieser Bilder abnimmt, bekommt der Fotograf 2,50 USD. Scoopshot hält Apps für Android, iOS und Windows Phone bereit.

Fotolia Instant Collection

Fotolia ist weltweit eine der größten Microstock-Agenturen. Vor nicht allzu langer Zeit wurde die *Instant Collection* ins Leben gerufen. In dieser Kollektion werden nur Smartphone-

Fotos angeboten. Um Schwung in die Sache zu bringen, hat Fotolia einen Wettbewerb in Leben gerufen. Wer im Jahr 2014 die meisten Handyfotos über das deutschsprachige Fotolia-Portal verkauft, gewinnt 5000 € zusätzlich. Allerdings ist dieser Wettbewerb nicht ganz fair. Android-User haben erst seit Mitte Juli 2014 die Möglichkeit sich daran zu beteiligen. Bis dahin gab es nur eine App für iOS. Die App ist die einzige Möglichkeit, die Bilder auf Fotolia Instant zu veröffentlichen.

Trotz allem sind bei Fotolia einige gestandene Stockfotografen zu finden, in ihren Blogs schreiben sie über erfolgreiche Vermarktung.

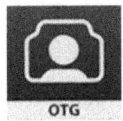

123rf On-The-Go

123royalitifree ist ein weiterer großer Anbieter, welcher mit On-The-Go (OTG) eine Smartphone-Abteilung eingerichtet hat. Diese Agentur verfolgt, ähnlich wie Fotolia, die klassische Art des Microstocks. Sie laden die Fotos über die App hoch, ordnen sie in Kategorien ein und versehen diese mit Schlagworten (Keywords). Nach einer Qualitätsüberprüfung werden die Bilder online gestellt, oder abgelehnt. 123rf ist ausschließlich englischsprachig. So müssen auch die Bilder in englischer Sprache verschlagwortet werden. Diese Agentur bietet Apps für Android und iOS.

SellNews

Einen völlig anderen Ansatz verfolgt SellNews. SellNews ist keine Stockagentur, sondern eine Agentur u. a. für Bürgerjournalismus. Hier können Sie Ihre Fotos und Videos in Auktionen einstellen. Kunden sind unter anderem Medienhäuser, Presse und Contenteinkäufer. Kürzlich konnte ich im Blog einer Kollegin lesen, dass sie einen Beinaheabsturz eines Heißluftballons aus ihrer Wohnung heraus mit der Spiegelreflex fotografisch dokumentierte und die Fotos sofort bei Twitter veröffentlichte. Sie staunte nicht schlecht, als sie diese Bilder am nächsten Tag in der örtlichen Presse fand. Nach mehreren Telefonaten bekam sie letztlich Geld für die Veröffentlichung. Trotzdem zeigt es die Selbstbedienermentalität vieler Medien. Einfach Fotos aus den sozialen Medien stehlen, Hauptsache es kostet nichts. Dass dieses Verhalten kein Einzelfall ist, belegt u. a. eine Studie der Columbia University.

Hätte die Kollegin statt bei Twitter diese Bilder zunächst bei SellNews eingestellt, wäre sie automatisch an ihr Geld gekommen. Jedenfalls dann, wenn der Zeitung das Bild wirklich wichtig gewesen wäre.

SellNews versteht sich als Schnittstelle zwischen den Bild- oder Videolieferanten und den Medien. Die eingereichten Produkte werden ähnlich wie bei eBay angeboten, die Käufer ersteigern also das Foto oder Video. Natürlich gibt es auch die „Sofort kaufen"-Option. Diese ist insbesondere bei tagesaktuellem Bildmaterial von Vorteil.

In einem deutschsprachigen Blog werden viele Bereiche behandelt, seien es Tipps für die Fotografie, juristische Fragen oder auch zum Bürgerjournalismus im Allgemeinen.

In den USA gibt es seit geraumer Zeit Agenturen für Bürgerjournalismus. Ein bekanntes Beispiel dafür ist die Huffington Post. Auch der renommierte private Nachrichtensender CNN ruft auf seiner Internetpräsenz zur Mitarbeit auf und vergibt Preise für herausragende bürgerjournalistische Beiträge.In Deutschland ist diese Art von Agenturen noch recht neu. Sicher werden einige erst einmal die Entwicklung abwarten wollen. Aber das Ausprobieren kostet nichts und kann durchaus Spaß machen.

Postkarten

Hier geht es nicht um Smartphones oder andere Kameras. Hier geht es der digitalen Welt an den Kragen. Haben wir bisher unsere Bilder ausschließlich mit elektronischen Geräten aufgenommen, verarbeitet und weitergeleitet, damit ist jetzt Schluss, jetzt geht es jetzt hart zur Sache. Auch wenn es in diesem Buch noch nicht erwähnt wurde, Bilder lassen sich auch anfassen.

Es gibt sie noch, auch im Zeitalter von eMail, SMS, Facebook und Whats App, die Postkarte. So richtig mit Briefmarke. Und jeder freut sich, wenn er ein solches Relikt aus der Urzeit der Fernkommunikation in seinem Briefkasten findet. In der Neuzeit haben große und kleine Anbieter diesen Trend entdeckt. Statt in einem Souvenir-Shop die schönsten Karten für die Lieben zu Hause zu suchen, unter Umständen zusätzlich einen Laden mit Briefmarken und später einen Postkasten zu finden, gestalten und frankieren Sie die Karte selber und verschicken Sie online. Am Strand, mit dem Handy und einer App.

Urlaubsgruss.com

Desktop: Windows, Linux, MacOS. Mobile: Android und iOS

Eine Registrierung ist nicht notwendig, aber sie ist, falls gewünscht, schnell erledigt. Zu meiner Freude befand sich in der Bestätigungsmail gleich ein Gutscheincode für eine Gratiskarte. Schöne Geste, man solle keine Katze im Sack kaufen. Gesagt, getan, so ließ sich die App doch gleich ausprobieren, richtig mit Briefmarke und so.

Doch zunächst die Arbeit. Auf dem Begrüßungsscreen erscheinen gleich gut gemeinte Sprechblasen. Die erste weist auf den Hilfebutton hin, die zweite fordert Sie auf, ein Bild auszuwählen. Für die Auswahl gibt es vier Optionen.

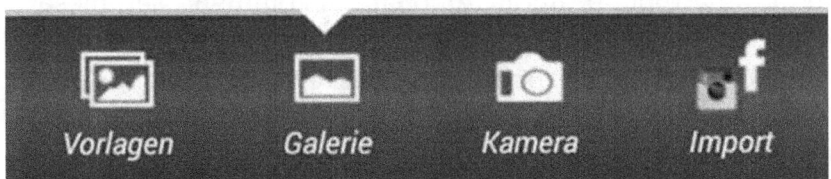

Entweder schießen Sie das Foto aus der App heraus mit einer der installierten Kamera-Apps, oder Sie suchen es in Ihrer Galerie. Wenn Sie ein Bild als *Hardware,* entschuldigung als Postkarte, verschicken möchten, welches Sie bereits bei Facebook oder Instagram veröffentlicht haben, so ist es im letzten Menüpunkt möglich.

Die Vorlagen

Die Auswahl kann auch über den Menüpunkt *Vorlagen* erfolgen. 25 unterschiedliche Themen stehen zur Verfügung, hinter jedem befindet sich eine so große Anzahl von Einzelvorlagen, dass ich das Zählen aufgegeben habe. In erster Linie sind hier die wiederkehrenden Ereignisse wie Weihnachten, Neujahr, Ostern, Geburtstag, Halloween oder Muttertag zu finden. Schön ist, dass bei den Vorlagen der Neujahrsgrüße die aktuellen Jahreszahlen berücksichtigt sind. Auch wer für nicht ganz so häufige Anlässe wie Hochzeit, Geburt, Schulanfang eine passende Karte sucht, kann hier fündig werden.

Die Anbieter haben sich aber noch mehr einfallen lassen. Zwar ist unter dem Thema *Danke* nur eine einzige Vorlage, doch es gibt genügend andere Themen, mit denen Sie Danke sagen können. Hier bieten sich die Themen *Emotionen*, *Blumen* und vielleicht auch *Liebe* an.

Auch wenn wir jetzt vom eigentlichen Thema, das Beste aus Ihrem Smartphone herauszuholen, abkommen, sei dieser kleine Exkurs erlaubt.Stellen Sie sich vor, Sie sind im Urlaub und wollen eine Postkarte verschicken. Aus irgendeinem Grund gelingt es Ihnen aber nicht ein Foto zu machen, welches Sie verschicken möchten. Dann schauen Sie sich einmal die beeindruckenden Vorlagen unter *Natur* an. Na, ist etwas dabei? Sind Sie sicher, dass der Empfänger diese App und deren Vorlagen nicht kennt? Na, dann kann die Post abgehen.

Da Ihnen als inzwischen ambitionierter Smartphone-Fotograf so etwas nicht passieren wird, und Sie Ihre Fotos lieber selber machen, ist dieser kleine Exkurs hiermit beendet.

Ich möchte noch die Vorlagen von Hintergründen erwähnen. Wenn Sie in den Kamera- und Bildbearbeitungs-Apps nicht fündig geworden sind, haben Sie hier eine weitere Chance.

Natürlich lassen sich diese in der App weiter bearbeiten, doch dazu später.

Die Bearbeitung

Nachdem ein Bild aufgenommen oder aus der Galerie bzw. Facebook/Instagram geladen wurde, fragt die App zunächst nach der Bildgröße, und fordert zum Einpassen auf. Dies ist ein wenig Fummelarbeit, wenn die Postkarte ein Vollformatbild bekommen soll und das Bild nicht von vorneherein passend ist. Sonst ist diese Funktion recht komfortabel, mit einem Schieberegler lässt sich die Bildgröße einstellen, mit einem anderen Icon kann die Mitte positioniert werden. Wenn Sie anschließend noch *Weiche Kante* wählen, können Sie dies statt eines vorgefertigten Rahmens nutzen. Dies gilt insbesondere dann, wenn noch ein farbiger Hintergrund gewählt wird.

Das Bild lässt sich in 90° Schritten drehen, Spiegelung oder Ausrichten ist in dieser App nicht möglich. Unter *Bild Effekte* finden Sie eine ganze Reihe Filter, unter *Objekt Effekte* Rahmen und andere Gestaltungsmöglichkeiten, sodass Sie unter Umständen keine andere App zur Bearbeitung benötigen.

Sehr gut gelungen ist die Textfunktion für die Bildseite. Sie können unter 12 verschiedenen Schrifttypen wählen. Die Schriftfarbe kann mit dem Farbwähler bestimmt werden, doch der eigentliche Clou ist die *Pipettenfunktion*. Tippen Sie die gewünschte Farbe auf dem Bild an und sie wird für die Schrift übernommen. Außerdem kann die Schrift stufenlos gedreht werden. Dies geschieht recht komfortabel mit dem Schieberegler. Ebenfalls stufenlos und mit dem Schieberegler wird die Größe des Textes eingestellt. Zum Abschluss wird der Text mit dem Finger an eine geeignete Stelle geschoben.

Während die Arbeiten am Desktop hervorragend zu erledigen ist, bin ich bei der Arbeit mit der Smartphone-App auf einige Schwierigkeiten gestoßen. Zum Einen habe ich es nicht geschafft, ein randloses Bild zu erzeugen, wenn das Format nicht passend ist. Am Desktop schlägt mir das Programm sofort einen Bildausschnitt vor, den ich individuell anpassen kann. Nicht so in der App. Außerdem habe ich vergeblich eine *Zurück* Funktion gesucht. Wenn ein Bild oder ein Effekt ausgesucht ist, muss es auch gespeichert werden. Wenn man dann doch einen anderen Effekt ausprobieren möchte, muss die App beendet und neu gestartet werden. Getestet wurde mit Android 4.4.2 Kitkat. Seit Version 4.4.4 gibt es keine Probleme mehr.

Die andere Seite der Karte enthält das übliche Adressfeld und ein Feld für den Grußtext. Hier stehen viele Schriftarten, auch Schreibschriften, zur Auswahl. Jetzt brauchen Sie nur noch die Schriftfarbe aussuchen und Adresse sowie Inhalte zu schreiben. Für den Grußtext stehen maximal 500 Zeichen zur Verfügung. Zusätzlich kann noch eine Unterschrift/Signatur eingefügt werden. Mir selber ist es allerdings recht schwergefallen, mit dem Finger auf dem Smartphone so etwas Ähnliches wie eine Unterschrift zu fabrizieren.

Die Preise

Die Karte kostet nach Deutschland 1,69 Euro, in andere Länder 1,99 Euro. Wenn Sie per Vorkasse oder Bankeinzug bezahlen, fallen keine weiteren Kosten an. Wer mit Paypal oder Kreditkarte bezahlen möchte, muss 30 Cent mehr drauf legen.

Lieferzeiten und Qualität

Die fertigen Postkarten hatten eine Lieferzeit von einem Tag bei Bezahlung per Bankeinzug.

Geliefert wurde eine feste Postkarte auf Chromo-Sulfat-Fotokarton (350g/qm). Die Druckqualität des HP Indigo Digital Offset ist sehr gut. Farbstiche sind nicht aufgefallen. Die Karte war mit einer echten Briefmarke der Deutschen Post AG bestückt.

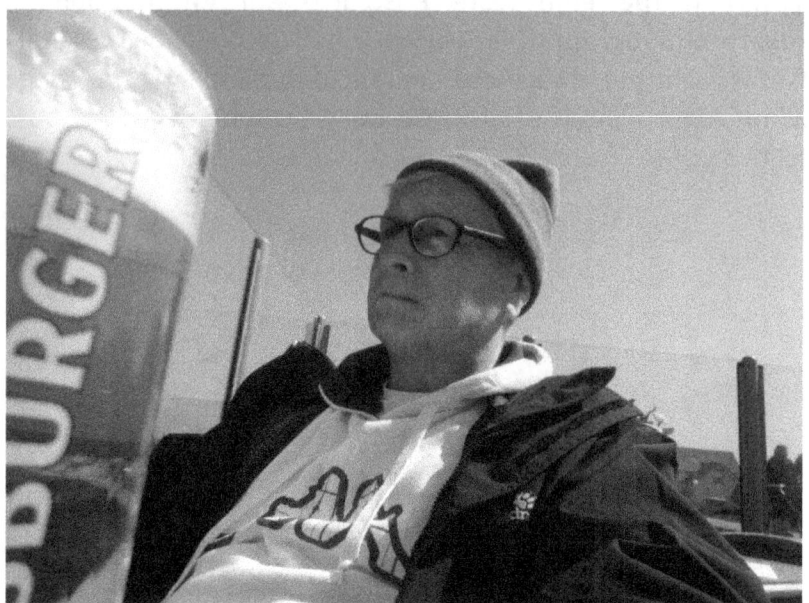

Mit Selfiestick, absichtlich nicht in die Kamera geschaut

Funcard

Android ab 2.2, iOS, Windows Phone 7, Windows 8. Keine Bearbeitung am Mac möglich.

Funcard ist die Postkarten-App der Deutschen Post AG. Sie ist auf die mobile Bearbeitung ausgerichtet, außer mit Win8 ist eine Bearbeitung am Desktop nicht möglich.

Die App startet sehr übersichtlich. Dabei war ich doch sehr überrascht, dass ich der zu gestaltenden Karte einen Namen geben soll. Die Benennung der Karte ist optional, dient sie doch einer späteren Archivierung. Es folgt die Aufforderung auf das *+Symbol* zu tippen, damit das Auswahlmenü erscheint. Jetzt wählen Sie den nächsten Schritt. Zur Auswahl stehen *Text, Zeichnung, Sprechblase, Eigene Fotos* und *Motivgalerie*. Ein neues Foto direkt aus der App heraus zu schießen ist nicht möglich.

Unter dem Menüpunkt *Sprechblase* ist ein einziges, eckiges Exemplar zu Auswahl. Es lässt sich zwar in der Größe wie auch in der Position verändern, die Form lässt sich aber nicht anpassen.

Was sich hinter dem Icon *Zeichnung* verbirgt, ist gut gemeint. Aber mehr nicht. Trotz aller Bemühungen ist es mir nicht gelungen auch nur irgendetwas zu produzieren. Einzig die Hintergrundfarbe der Postkarte hat sich irgendwann verändert.

Motivgalerie

Funcard bietet eine Menge sehr geschmackvoller Vorlagen. Neben den üblichen Anlass- und Festtagskarten finden Sie hier auch Rubriken wie *Jahreszeiten* oder *Einfach so*. Eine sehr schöne Idee ist die Rubrik *Gutscheine*. Der hier abgebildete Gutschein hat mir besonders gut gefallen.

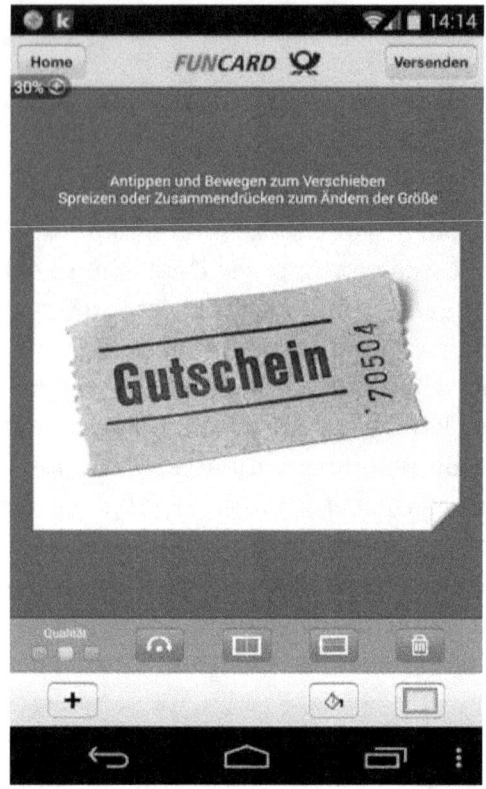

Die Bearbeitung

In der Bearbeitung belässt die Post es bei den Grundfunktionen. Ganz auf der linken Seite wird die Qualität des Bildes analysiert und in Ampelfarben angezeigt. Die beste Qualität ist natürlich Grün. Wenn Rot angezeigt wird nehmen Sie besser ein anderes Bild, oder verkleinern das vorhandene entsprechend.
Das Bild kann mittels Schieberegler stufenlos gedreht werden, so ist das Anpassen eines schiefen Horizonts ein Kinderspiel.

Weitere Bearbeitungsmöglichkeiten sind das vertikale und horizontale Spiegeln.

Nun wird vielleicht noch einer der 15 Rahmen ausgesucht, und/oder eine Hintergrundfarbe hinzugefügt. Fertig!

Preise

Der Preis für eine Karte innerhalb Deutschlands beträgt 1,90 €. Bezahlt wird per Click&Buy, Paypal oder Kreditkarte. Alles ohne Zuschläge. Bankeinzug ist nicht möglich.

Lieferzeit und Qualität

Der Versand erfolgt nach Angaben der Post innerhalb von 24 Stunden. Die Karte war tatsächlich am nächsten Tag im Briefkasten.

Gedruckt wird auf einem Bilderdruckkarton (280g/qm). Die Oberfläche der Postkarte glänzt etwas stark, der Karton ist im Vergleich zu *Urlaubsgruss.com* etwas dünn. Ansonsten eine gute Qualität.

Sonstige

Touchnote ist eine Firma aus Großbritannien. Die Lieferzeit wird mit 2-5 Tagen angegeben. Mit 1,49 £, was etwa 1,80 € entspricht, liegt Touchnote preislich zwischen den beiden hier getesteten Apps. Zwar kündigt die Firma bei *Google-Play* einen Preis von 1,49 € oder billiger an. Als es an das Bezahlen ging, kam der wahre Preis 1,80 € zum Vorschein. Der Test wurde abgebrochen. Keine Empfehlung!

CEWE ist der größte Digitaldrucker Europas. Eine reine Post-karten-App gibt es zwar nicht, aber diese Funktion ist in der CEWE-Fotowelt zu finden. Die App, welche auf dem Smartphone nur im Querformat zu benutzen ist, wirkt trotz hervorragender Internetverbindung recht träge. Vermutlich werden Sie, genauso wenig wie ich, ein Fotobuch am Smartphone zusammenstellen. Doch möglich wäre es mit die-ser App.

Fairerweise muss erwähnt werden, dass die *Fotowelt-App* für Tablets optimiert ist. Am Smartphone macht es jedenfalls noch keinen Spaß, damit zu hantieren. Sicher wird sich das in naher Zukunft ändern.

Fotos mit dem Tintenstrahler

Drucken vom Smartphone

Am Schnellsten kommen Sie an Papierbilder natürlich über den heimischen Drucker, und der schnellste Weg geht vom Smartphone über den Drucker direkt auf das Papier. Drucker der heutigen Generation sind für den mobilen Einsatz vorbereitet, die Hersteller bieten dazu die jeweils passende App. Voraussetzung ist natürlich, dass der Drucker in das WLAN integriert oder über den Router direkt angeschlossen ist. Wenn sich Drucker und Smartphone im selben Netz befinden, ist der Ausdruck direkt ohne Umweg über den Computer möglich. Einfach die entsprechende Datei oder das entsprechende Bild auswählen und den Druckauftrag an den im Netz befindlichen Drucker senden. Sollten Sie bereits einen Netzdrucker besitzen, können Sie diesem eine eigene IP-Adresse zuweisen. Dann ist es sogar möglich, von unterwegs zu drucken.

Nutzer von iOS brauchen zusätzlich die Anwendung *AirPrint*. Achten Sie darauf, dass Ihr Drucker AirPrint-fähig ist. Sonst ist ein direkter Ausdruck über iPhone oder iPad nicht möglich.

Android-User haben außer den Standard-Apps des jeweiligen Herstellers noch eine riesige Auswahl an Alternativen. Diese reichen von kleineren Spielereien bis hin zu hochwertigen, professionellen Anwendungen.

Tipps zum Fotodruck

Unabhängig davon, ob Sie Ihre Bilder direkt drucken oder erst einmal am Computer betrachten wollen, sollten Sie ein paar Besonderheiten zum Fotodruck beachten

Wenn Sie Billigtinte installiert haben oder die Tinte schon lange im Drucker ist, empfiehlt sich ein Probedruck. Bevor Sie auf den letzten Drücker massenhaft Weihnachts- oder Ostergrüße produzieren, muss auch genug funktionsfähige Tinte vorhanden sein. Selbstverständlich meinen Sie? Das dachte der Autor dieser Zeilen auch einmal.

Die nächste Frage: Haben Sie genug Papier?. Und bitte, lassen Sie sich nichts von „Normalpapier" erzählen. Jedes Papier ist normal, aber auch recht unterschiedlich. Wenn Sie einen Stapel Papier aus dem Büro mitgebracht haben, bringen Sie es am besten zurück. Zum einen ist es Diebstahl, zum anderen eignet sich dieses Papier wahrscheinlich nicht für den Tintenstrahler. Papier ist in den meisten Büros für Laserdrucker optimiert. Schon die geringe Feuchtigkeit des Tintendruckers lässt das Papier Wellen schlagen. Sicher haben auch Sie schon ein welliges „CD-Cover" bei einem Ihrer Bekannten gesehen. Die Tinte trocknet recht langsam und kann Ihren Drucker verdammt gut verschmieren. Wenn Sie einmal einen verschmierten Tintenstrahler richtig reinigen mussten, wollen Sie das nie mehr.

Doch auch bei anderen Papieren sollten einige Dinge beachtet werden. So gibt es perforierte DIN-A4-Kartons, womit Postkarten hergestellt werden können. Wenn diese nicht beschichtet sind, eignen sie sich nicht für Fotos. Selbst wenn sie in bester Druckqualität aus dem Drucker kommen, fehlt es ihnen an Leuchtkraft. Das Papier bzw. der Karton saugt die meiste Tinte auf wie ein Schwamm.

Für CD-Cover, falls heutzutage noch gefragt, eignen sich beschichtete Papiere sehr gut. Bei Postkarten jedoch führt kein Weg an Fotokarton vorbei. Und hier scheiden sich die Geister. Während meine Lebenspartnerin nur Postkarten verschickt, welche auf teuren Markenpapieren wie Epson oder Canon gedruckt wurden, nutze ich auch mal die preiswerte Variante. Überrascht hat mich dabei die Qualität eines süddeutschen Versandhändlers, der alles verkauft was billig ist und in der Regel schnell kaputt geht. Ich konnte ordentliche Fotopostkarten drucken. Im Vergleich zu den Markenpapieren, konnte ich nur bei genauem Hingucken Unterschiede feststellen.

Wenn Sie eine selbst gedruckte Karte verschicken wollen, achten Sie bitte auf die Stärke des Fotokartons. Hier zeigt sich die Schwäche der Billigkarten mit einem Gewicht von 180g/qm. Im Vergleich bringt das Premiumpapier eines renommierten Markenherstellers 255g/qm und eine Karte von *Urlaubsgruss* sogar 350g/qm auf die Waage.

Um die Farbe zu versiegeln, gibt es mehrere Möglichkeiten. Einige schwören auf Haarspray, andere wiederum auf Klarlack aus dem Baumarkt. Im Handel ist auch ein spezielles Lichtschutz-Lackspray erhältlich. Die sauberste Methode ist allerdings das Laminieren. Geräte und Folien dazu werden mehrmals im Jahr von den großen Discountern angeboten.

Wo kann ich meine Bilder speichern?

Externe Hardware

Externe Festplatte und USB-Stick. Auch diese Klassiker sollten hier nicht vergessen werden. Während die heutzutage günstig zu erwerbenden externen Festplatten wunderbar im Bücherregal aufbewahrt und archiviert werden können, wird der USB-Stick doch häufig verlegt, verliehen, überspielt oder sonst irgendwas. So praktisch diese Speichermedien auch sind, sind sie doch nur selten da, wo sie hin sollen. Eine ganz prima Sache, um Daten von einem zum anderen Computer zu transportieren. Für die dauerhafte Archivierung empfehle ich eher die externe Festplatte.

SD-Card

Smartphones mit SD-Card haben den unschätzbaren Vorteil, dass riesige Datenmengen auf dem kleinen Kärtchen direkt gespeichert werden. Auch viele Notebook- und Desktop-Computer besitzen einen SD-Slot, damit können die Daten leicht hin und her geschoben werden. Der einzige Nachteil: So ein Kärtchen ist, genauso wie ein USB-Stick, schnell einmal verlegt. Zwar findet man es meist zeitnah in einem der Geräte wieder, doch häufig fehlt sie, „wenn man sie mal braucht." Daher lohnt es sich, die Fotos möglichst bald auf dem Computer oder in der Cloud zu sichern.

Computer via USB-Kabel

Auch wenn es für jüngere Anwender altmodisch erscheinen mag, das USB-Kabel ist eine zuverlässige und sichere Art der

Datenübertragung. Sie funktioniert sogar ohne WLAN oder Mobilnetz. In der Regel gehört das USB-Kabel zum Lieferumfang des Smartphones. Beim Androiden geht es ganz einfach:

- Kabel zwischen Smartphone und Computer verbinden.
- Verbindung auf dem Smartphone bestätigen.
- Option auswählen (Kamera oder auch andere Medien).
- Auf dem Computer das USB-Gerät anklicken.
- Dateien hin und her schieben.

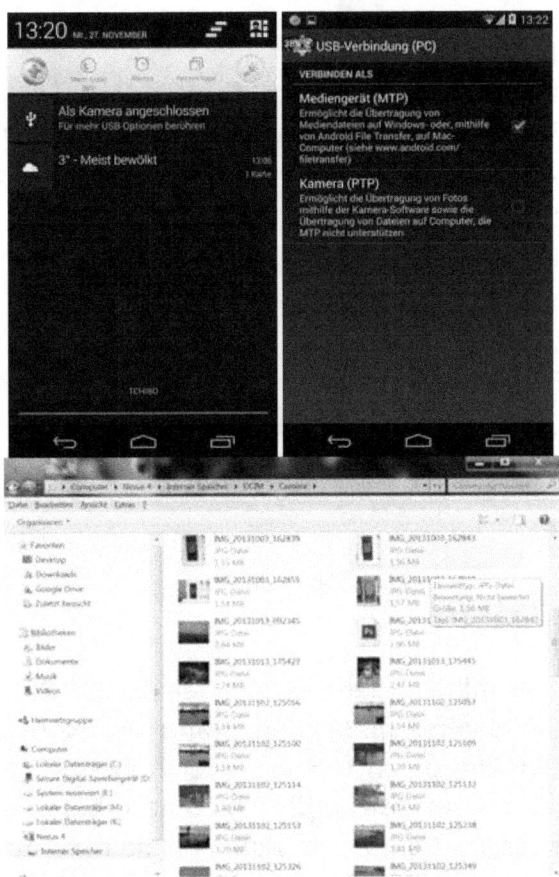

Auch die Übertragung zwischen iPhone und Windows ist keine Hexerei. Es funktioniert ähnlich wie mit einer anderen Digitalkamera.

- Mit der aktuellsten iTunes Version haben Sie auch die aktuellen Treiber auf dem PC.
- Sie können die Bilder direkt in einem Bildbearbeitungsprogramm wie Adobe Photoshop öffnen.

Wenn Sie ein Smartphone beispielsweise an einen Computer mit Windows 7 anschließen, erscheinen die Optionen:

1. Bilder und Videos öffnen
2. Bilder und Videos importieren
3. Gerät zum Anzeigen der Dateien öffnen

Bei der dritten Option öffnet sich der Windows Explorer wie im obigen Bild. Jetzt können Sie Ordner oder Bilder auf die Festplatte ziehen. Unabhängig vom Betriebssystem des Smartphones.

Drahtlos auf den Computer via App übertragen

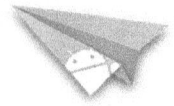

Flott und unkompliziert geht es mit der, in der Basisversion kostenlosen, Airdroid-App. Wie der Name vermuten lässt, ist diese App den Androiden (OS 2.1 oder höher) vorbehalten. Vorausgesetzt, die App ist auf PC und Smartphone installiert, wird im Browser des Computers web.airdroid.com aufgerufen.

Um nicht jedes Mal die Anmeldedaten zu bestätigen, bietet Airdroid auch die Anmeldung mit Google, Twitter und Facebook an. Komfortabler ist aber die Anmeldung mit dem QR-

Code. Die App im Smartphone und im Browser ist aufgerufen, ein Tipp auf QR-Code einscannen, Smartphone an den Bildschirm halten und schon sind Sie verbunden. Alternativ geben Sie die auf dem Handy-Startbildschirm eingeblendete IP-Adresse in die Adresszeile des Browsers auf Ihrem PC ein.

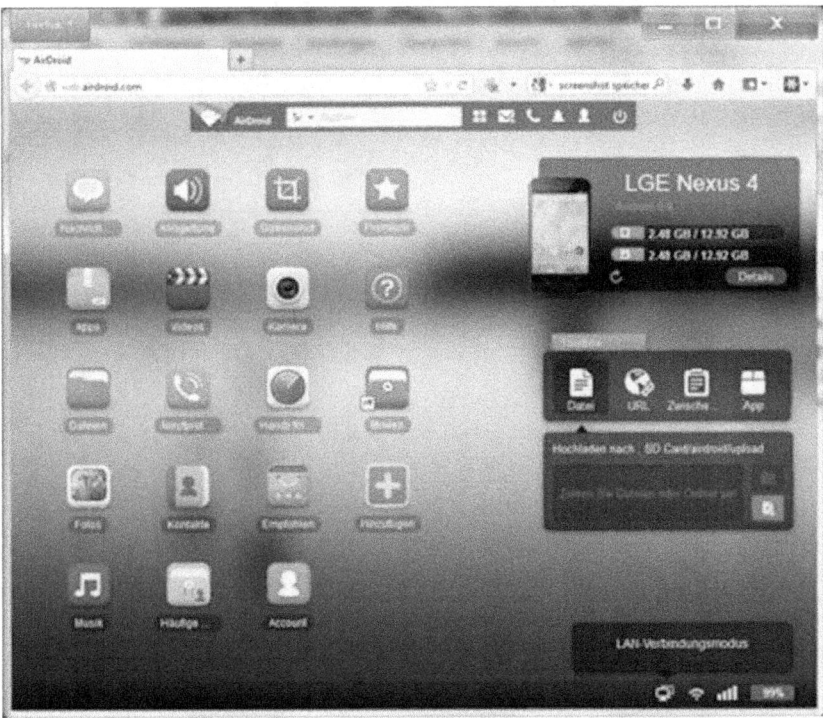

Nachdem ersten Aufruf erhalten Sie eine Detailerklärung in Form eines Rundgangs. Airdroid ist ein Dateimanager, der sowohl auf dem Android-Phone als auch auf dem PC wie auch auf beiden zusammen funktioniert. Wie der obige Screenshot zeigt, kann das gesamte Smartphone, nicht nur die Bilder, verwaltet werden. Für mich ist diese App erste Wahl, wenn es darum geht, meine Dateien auf dem Telefon schnell, übersichtlich und komfortabel über WLAN zu verschieben oder zu verwalten.

Wer etwas Ähnliches für das **iPhone** sucht, dem sei Readle, ein Dateimanager der ohne iTunes funktioniert, empfohlen. Apple bietet in seinem OS keinen Datei-Explorer. Mit Readle können Sie, ähnlich wie bei Android üblich, mit wenigen Klicks Dateien und Ordner verschieben, löschen und öffnen. Ein Jailbreak für das iPhone ist nicht notwendig.

Cloud auf Wolke 7 ?

Das Speichermedium dieser Zeit ist die Cloud. Zumindest wenn es Ihnen nichts ausmacht die Daten einem fremden, möglicherweise US-amerikanischen Dienst anzuvertrauen. Im Kapitel *Soziale Medien* habe ich schon Instagram, Flickr und Google+ vorgestellt, welche Bilder in der Cloud speichern.

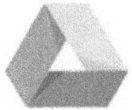

Google Drive

Google Drive hieß früher *Google Texte & Tabellen*, später *Google Docs*. Steigen Sie bei den vielen Google-Cloud-Diensten noch durch? Sind denn da nicht schon Google+, Google Foto App und Picasa? Noch einmal im Kurzdurchlauf:

- Google+ Foto
  Soziales Netzwerk, unbegrenzter Speicherplatz für Bilder mit max. 2048 px. Kantenlänge.
- Picasa
  Desktop Anwendung mit Bildbearbeitungsmöglichkeit und Speicherplatz.
- Google Drive
  Hier können Dokumente, Musik, Videos, Bilder und auch alle andere Dateien gespeichert werden. Für Bilder in Originalgröße wie für andere Dateien ist der kostenlose Speicherplatz auf 15 GB begrenzt.

Bei allen diesen Anwendungen haben Sie die Möglichkeit anderen einen passenden Link mitzuteilen. Diese Person ist dann berechtigt die jeweiligen Dateien herunterzuladen. Bei Google

Drive speichern Sie einfach die jeweiligen Dateien in Ihrem Drive-Ordner. Ist der Computer mit dem Internet verbunden, werden die Dateien automatisch in die Cloud geladen. Natürlich nur, wenn Sie ein Drive-Konto eingerichtet haben.

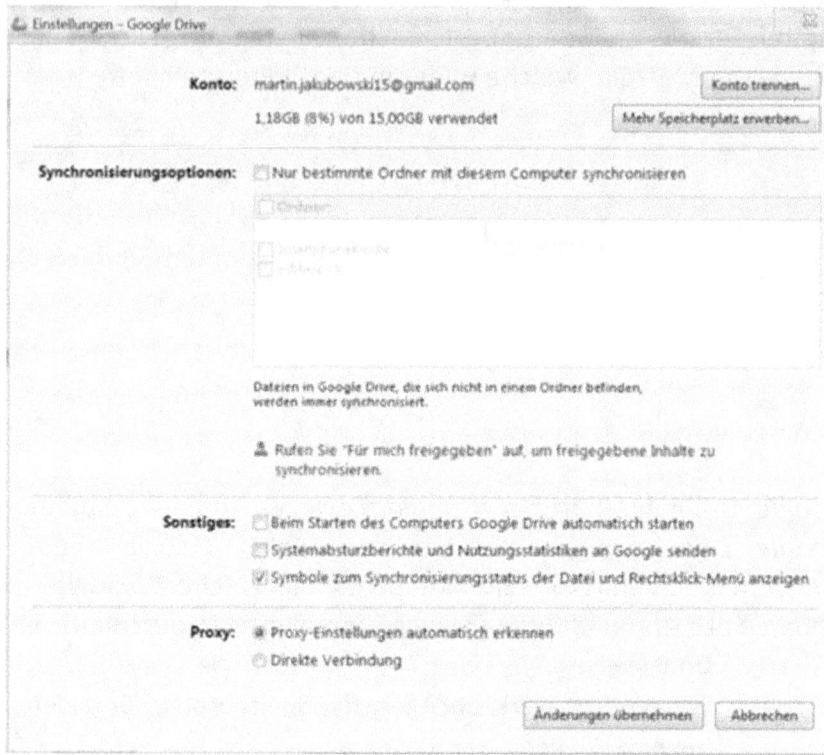

Die Anmeldeprozedur ist denkbar einfach. Zunächst brauchen Sie ein Google-Konto. Ein solches Konto haben Sie vielleicht schon, wie Gmail oder Google-Play. Google bietet kostenlos 15 GB an, unabhängig vom Dateiformat.

Step by Step

Sie besitzen eine Google Konto, eMail-Konto genügt:

- Laden Sie Google-Drive auf das Smartphone, Desktop, Laptop oder Tablet.
- Windows7: Suchen Sie Drive mit dem Windows-Explorer.
- Richten Sie im Google Drive Ordner einen weiteren Ordner ein (im Screenshot z.B. SmartphoneKindle).

- Ziehen Sie die Dateien, welche Sie hochladen möchten in diesen Ordner, oder benutzen Sie die *Speichern unter*-Funktion des Programms.

Je nach Einstellung synchronisiert Google Drive diesen Ordner mit dem Drive-Ordner in der Cloud.

Zusammenfassung

- Google-Registrierung notwendig.
- Gmail-Account, und/oder Google-Play genügt.
- Vernetzung mit Google+Foto, Picasa, Google+.
- 15 GB kostenfreier Speicher.

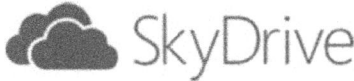

Linux, Windows, Android, iOS

OneDrive, besser bekannt unter dem früheren Namen SkyDrive, ist ein Cloud-Dienst von Microsoft

Zusammenfassung:

- Registrierung notwendig.
- Anzeige der zuletzt genutzten Dateien.
- Auswahl von mehreren Fotos oder Videos für den Upload von Ihrem Telefon aus.
- Teilen von Dateien und Fotos – durch das Senden eines Links in einer E-Mail oder in einer anderen App.
- Verwalten von Dateien – Löschen oder Erstellen von neuen Ordner.
- 15 GB kostenfreier Speicher.

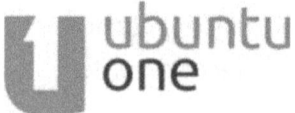

Linux, Windows, Android, iOS

Benutzer des Mail-Client Thunderbird kennen diesen Dienst vielleicht schon. Der Funktionsumfang dieser Cloud ist wesentlich umfangreicher als bei Google Drive. Über den installierten Client können alle Dienste genauso genutzt werden, wie über das Webinterface. Daher müssen Sie sich nicht dauernd in die Cloud einloggen. Die Synchronisierung läuft automatisch. Ubuntu One bietet 5 GB Speicher kostenlos an.

Zusammenfassung

- Registrierung notwendig.
- Computer-Betriebssystem Linux oder Windows.
- 5 GB kostenfreier Speicher.

-

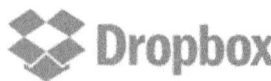

Windows, Linux, OS X; Mobil: Android, Blackberry und iOS

Dropbox ist ein weiterer Dienst, der den Austausch großer Dateien per Mail, DVD oder USB-Stick überflüssig machen will. Nach der Registrierung erstellt Dropbox auf dem ersten Gerät einen Ordner. Die darin erhaltenen Dateien werden mit dem Ordner auf dem Server von Dropbox synchronisiert und können dann auch über andere angemeldete Geräte abgerufen werden.

Ähnlich wie Google Drive kann ein Link zu einem freigegebenen Ordner generiert und weitergegeben werden.

Zusammenfassung:

- Registrierung bei Dropbox notwendig.
- 2 GB werden kostenlos zur Verfügung gestellt.

Wenn Sie nun verschiedene Cloud-Dienste benutzen, können Sie natürlich auch ganz schön durcheinanderkommen. Um hier ein wenig Ordnung zu schaffen, gibt es Dienste, die Ihre Wolken unter ein Dach bekommen.

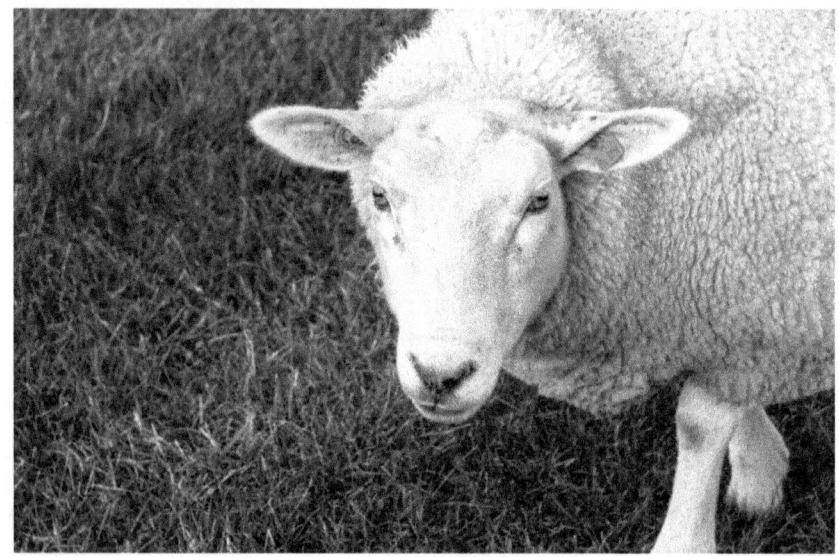

Sicherheit

Wie bei allen Computern muss auch beim Smartphone auf Sicherheit geachtet werden, und zwar unabhängig vom Hersteller und Betriebssystem. Dies gilt insbesondere dann, wenn Sie das Smartphone für Online-Banking nutzen, und sei es nur für die Übersendung der temporären TAN.

- Die Gefahr ist relativ gering, wenn Sie Ihre Apps aus den Stores wie Google-Play oder App-Store beziehen.
- Verzichten Sie auf Programme, dessen Herkunft Sie nicht kennen.
- eMail-Anhänge aus unsicheren Quellen sollen nicht geöffnet werden.
-

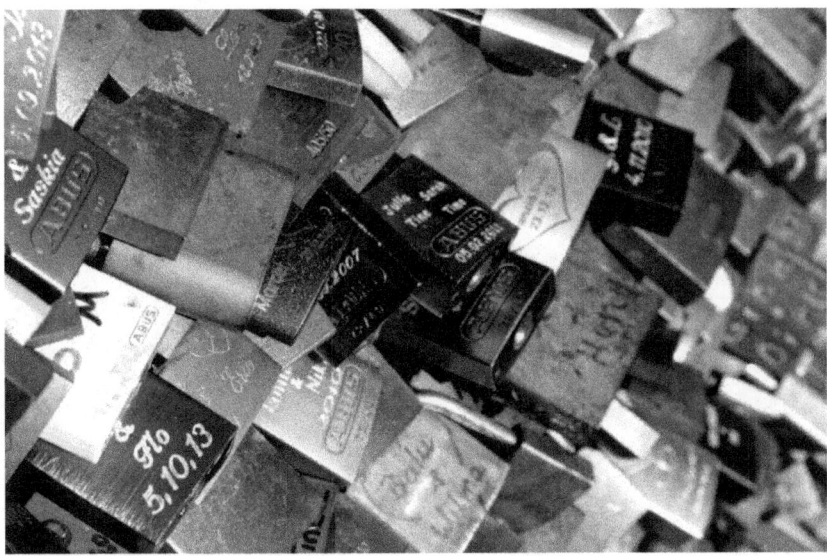

Windows- und Android-Nutzern empfehle ich die Website *AV-Test*.com. Alle zwei Monate werden eine Menge Virenschutzprogramme getestet und bewertet. Aktueller und umfangreicher geht es nicht. Obwohl mehr als 90% der Maleware für mobile Endgeräte für Android geschrieben werden, ist auch für das iPhone ein Virenschutz zu empfehlen. Bei mobilen Apple-Geräten ist standardmäßig das iOS installiert. Dieses geschlossene System bietet zwar zunächst mehr Sicherheit als ein offenes Betriebssystem wie Android, bedeutet aber auch, dass sich ein möglicher Fehler im System auf alle Tablets und Smartphones des Herstellers auswirkt und eine gute Angriffsfläche für Hacker bietet. Nun gibt es für iOS nicht die große Auswahl an Schutzprogrammen wie für Android, aber einige Hersteller gibt es.

Impressum

Smartphone-Fotografie
Das Praxisbuch
von Martin Jakubowski
Erstausgabe 2015
Analog zur eBook Version 2.3.4

Aufgenommen im Katalog der Deutschen Nationalbibliothek Frankfurt und Leipzig

Bibliografische Information der Deutschen Nationalbibliothek
Die Deutsche Bibliothek verzeichnet diese Publikation in der Deutschen Nationalbibliografie; detaillierte Daten sind im Internet über
http://dnb.ddb.de abrufbar.

Bildnachweis

Instagram / @heidiklum
Ameily Radke - Creative Common Lizenz
Star Wars: Lucasfilm
Frank Voss / facebook.com/Vossphotos
Thomas Breyer / pixelio.de
Produktfoto: Sony
Tilman Jörg / pixelio.de
Screenshot: Instagram.com
Produktfoto Almalence
Julia Weimar
Pixlr-o-Matic
Photo Art Studio

xShot
Rollei
Metz
Anker
Christiane Köhne

Alle anderen Bilder: Martin Jakubowski

Bilder von Martin Jakubowski werden auch bei folgenden Agenturen angeboten:
Pitopia
Fotolia
shutterstock

Autor und Herausgeber: Martin Jakubowski, Sportplatzstr. 59 | 51147 Köln–
smartphone@mediendienste.eu

Korrektorat: SKS-Heinen, 53913 Swisstal

Nachwort

Sollten sie versehentlich ein Mängelexemplar erhalten haben, wenden sie sich bitte an den Amazon-Kundendienst. Ich habe bisher fast nur gutes von der Druckerei *Amazon Distribution GmbH, Leipzig* gehört. Trotz allem berichtete ein anderer Autor über eine Einstern-Kundenrezension, da die Leserin das Buch doppelt gedruckt, aber alles in einem Cover bekam. Sie hatte gemeint, dass der Autor dies hätte bemerken müssen. Das Buch wird aber nicht vom Autor, sondern direkt von der Druckerei versandt.

Nun hoffe ich, dass Ihnen dieses Buch gefallen hat. Wie jeder Autor freue ich mich über Rezensionen bei Amazon oder Erwähnungen in anderen Medien.

Ich wünsche Ihnen, dass Sie viele neue Erkenntnisse gewonnen und diese in Zukunft umsetzen werden.

Herzlichst Ihr

Martin Jakubowski